KB043128

아이템은
어떻게
비즈니스가
되는가

아이템은
어떻게
비즈니스가
되는가

1판 1쇄 : 인쇄 2019년 09월 20일
1판 1쇄 : 발행 2019년 09월 25일

지은이 : 조성우
펴낸이 : 서동영
펴낸곳 : 서영출판사

출판등록 : 2010년 11월 26일 제 (25100-2010-000011호)
주소 : 서울특별시 마포구 월드컵로31길 62, 1층
전화 : 02-338-0117 팩스 : 02-338-7160
이메일 : sdy5608@hanmail.net

디자인 : 이원경

ⓒ2019조성우 seo young printed in seoul korea
ISBN 978-89-97180-85-1 13320

아이템은 어떻게 비즈니스가 되는가

**창업의 시대!
당신의 미래지도를 바꾸자!!**

2019·서영

그렇게 호주에서의 삶이 시작됐다

가난한 집안에서 태어난 형제가 있었다. 형은 가난한 집안 형편을 벗어나기 위해 이른 나이에 철도청 공무원이 되었고, 동생은 과학적 재능을 발휘하고자 대학을 갔다. 형은 끊임없이 본인이 처해 있는 환경을 활용해서 돈을 벌었고 동생은 대학에 가서 학업에 열중했다.

일찍 사회생활을 시작했던 형은 철도청 공무원을 그만 두더니 여러 사업 아이템을 접목시켜 돈을 벌고 몫돈을 만들어 건물을 사서 지방도시 유지가 되었고, 아우는 허리띠를 졸라매고 소박한 삶을 이뤄내는 지방대학 교수가 되었다.

하얀 백바지에 백구두를 신고 오토바이를 타면서 활 쏘러 다니는 한량 같은 삶을 이뤄내신 분이 나의 큰아버지시고, 순돌이 아빠처럼 성실히 월급쟁이 대학교수로 소박한 삶을 이뤄내신 분의 아들로 태어난 것이 바로 나다.

달력에 표시된 아버지의 월급날 17일은 용돈을 받을 수 있는 기쁜 날이었지만 어린 나이에도 나는 부모님께서 월급봉투에서 돈을 꺼내서 분배하시며 근검, 절약하시던 모습보다는 큰아버지댁의 음료수가 가득한 부잣집 냉장고가 늘 부러움의 대상이었다.

그래서인지 어릴 적부터 나의 꿈은 사업하는 사람이 되는 것이었다. 로버트 기요사키의 〈부자 아빠, 가난한 아빠〉가 연상되듯 주변에 수많은 공무원과 선생님으로 가득한 집안 환경에도 불구하고 유일한 사업가였던 큰아버지는 나에게 있어서는 부자아빠의 역할을 하셨던 것 같다.

조기교육처럼 내게는 깊은 인상을 남기신 큰아버지의 삶은 내 꿈의 큰 축을 이루게 했다. 40대에 은퇴하시고 50년의 세월을 노동자의 삶이 아니라 투자가의 삶을 살아가셨던 큰아버지를 보면서 무엇을 보고 어떤 생각을 하며 어떻게 행동해야 남들과는 다른 나만의 스타일을 구축하고 고수하면서 살아갈 수 있는지에 대한 방향성을 일깨워 주셨다.

큰아버지는 철도청에서 사회생활을 시작했었다. 지금과는 다르게 지역을 이동할 때면 여행허가권을 받고서 이동할 수 있을만큼 폐쇄적이었던 일제 강점기와 6.25 전쟁 시기를 거치던 시절에 철도청 공무원으로서의 역할은 큰아버지겐 기회의 장이 되었다.

철도청 차장으로 공직생활을 마치기 전까지 지역과 지역을 연결하는 철도의 장점을 활용하셨던 점은 어쩌보면 물류에 대한 장점을 깨닫고 장사꾼의 사업마인드를 실현하셨던 산 증인이 되셨다.

그 당시 투잡을 뛰셨던 선구자적 삶을 통해 삼천리자전거 지역총판권을 확보하시고 나서 철도청 차장으로서의 공무원 생활을 정리하셨다. 지금과는 다르게 자전거가 전국에 인기를 끄는 주요 개인 교통수단으로서 트랜드를 이루었을 때 그 꼭지단에서 사업을 일으키셨고 그 사업을 통해 건물도 매입하시고 월급쟁이 아버지와는 다른 '부자아빠'의 면모를 갖추었는지 모르겠다.

나는 그런 큰아버지를 보면서 사업가의 꿈을 품기 시작했던 것 같다. 세상 밖을 나가보고 싶었다. 대한민국을 벗어난 삶을 꿈꾸기 시작했었고 언젠가 그 날이 오면 반드시 기회를 잡겠다고 생각했다.

88서울올림픽이 끝나고 해외여행 자유화가 시작되었고 내 나이 21살, 1992년에 난 혼자서 유럽배낭여행을 할 수 있었다.

세계 문학 전집에서만 볼 수 있었던 유럽의 여러 나라들을 직접 가서 보고 걷고 체험해 보면서 나의 생각을 제한시키는 것이 얼마나 우매한 일인가를 깨닫게 되었다.

유럽에서의 시간은 정말 꿈만 같았다. 밤기차를 타고 한숨 자고 일어나면 새로운 나라에 도착해 있었다. 그때 당시에는 지금과 같은 인터넷과 미디어가 발달하지 않았기 때문에 선진화된 문명과 유행의 시간 차이가 상당히 컸다.

미국과 유럽의 유행이 일본에 전달되었고 일본에서 받아들여진 새로운 트랜드가 서울로 이어졌다.

예를 들자면 그때 유럽에선 인라인스케이트가 눈에 띄었다.

당시 한국에서는 신발에 4개의 바퀴가 전후좌우에 달려있던 클래식한 롤러스케이트였다. 더구나 길거리에서는 타지도 못하고 지정된 장소인 롤러스케이트장에서만 타야 했다. 하지만 유럽에서는 길거리에서, 광장에서 젊은이들이 바퀴가 일직선으로 늘어선 인라인스케이트를 타고서 넘쳐 나는 인파 사이를 헤쳐 지나가고 있었다.

그런 유행이 한국에 들어온 것은 정말 한참이 지난 시점이었다. 만약 그 신발을 유럽 여행 당시에 수입할 수 있었다면 결과는 어땠을까?

먼저 앞서서 볼 수 있다면 사업 성공의 가능성이 훨씬 높아질 수 있겠다는 당연함이 깨달음으로 전이되는 순간이었다.

그때부터 사물을 보고 흐름을 보고 트랜드가 사업이 된다는 사실을 조금씩 알게 되었다. 이렇게 다른, 혹은 앞선 유행을 얼리어댑터처럼 먼저 받아들이고 싶은 욕망이 유럽 여행을 통해서 서서히 키워지게 되었다.

결국 전혀 다른 트랜드와 다양성이 넘쳐 나는 유럽의 여러 나라를 보면서 언젠가 한국을 벗어나 다른 나라에서 생활해 보고 싶은 소망이 현실화되는 계기가 되었던 여행이었다.

별똥별이 떨어지는 그 순간에 소원을 빌면 그 소원이 이루어진다는 이야기를 들은 적이 있다. 그 짧은 순간에도 떠올릴 수 있을만큼 간절한 소원이라면 이뤄질 수 있는 소망일 수 있다는 해석을 보며 무릎을 쳤던 기억이 난다.

대학교 1학년을 마치고 입대하여 군대를 제대하니 복학까지는 6개월의 시간이 남게 되었다. 그 시간에 나는 운 좋게도 '호주'라는 나라를 선택했다. 그때 당시 친누나가 잠깐 호주에 유학을 하고 있었다는 것과 누나를 보러 호주 관광을 가셨던 열린 마음의 부모님이 계셨다는, 나를 둘러싼 환경이 나를 호주로 이끌었고 호주에서 "16주 어학연수"라는 명분을 가지고 해외에서의 삶이 시작되었다.

155개의 인종이 모여 살고 있는 다민족국가(multi-cultural country)인 호주는 다양성과 선진화된 문명의 교착점에 서 있는, 아름답고 안전하고 호기심을 충족하는 사업 아이템이 넘쳐 나는, 꿈같은 나라로 내게 다가왔다.

찰나와 같은 16주가 지나갔을 때 내가 호주에 더 있어야 할 이유를 만들어야 했다. 그래야만 인생의 기회처럼 다가온 해외에서의 삶을 좀 더 영위할 수 있을 거라는 생각 때문이었다.

호주와 한국의 교육시스템에 있어서 '대학 졸업까지의 16년'에는 약간의 차이가 있었다.

호주는 유치원 1년을 포함한 고등학교까지의 12년을 합한 13년의 시간이 대학을 위한 최소한의 학력이었다. 운 좋게 난 부족한 1년을 채울 대학 생활 1년이 있었고, 호주는 공대를 제외하고 인문대학은 3년이라는 장점이 어우러져서 IELTS라는 영어점수를 통해 시드니대학교에 입학 할 수 있는 행운을 얻었다.

충분한 설득력으로 무장된 '호주에 더 있어야 할 이유' 덕분에 난 호주에서 좀 더 생활할 수 있는 여건과 상황이 만들어졌다.

그렇게 호주에서의 삶이 시작됐다.

― 차 례 ―

2장 · 생존 전략 마인드에서 길을 찾다

3장 · 이것이 미래를 앞서가는 비밀병기다

4장 · 기본적으로 익혀야 하는 영어

5장 · 창업시대, 새로운 루키가 되라

제1장

도전 24년 호주 비즈니스 인사이트

인턴쉽 대신 슈퍼마켓에서 배운 재고운영 노하우

◄

호주은행에서 볼일을 보려고 줄을 서 있었다. 갑자기 어떤 분이 등을 두드린다. 뒤를 돌아보니 처음 본 듯한 이쁘장한 얼굴을 하고 있는 젊은 미시 같아 보이는 한국 여자분이 서 있다.

순간 당황했다. 20대의 젊은 총각의 등을 두드리는 용감한 여자분의 정체가 뭘까?

"총각, 오늘 배추 값 얼마야? 아까 트럭 들어오던데……."

"아~ 네. 2개에 $2.50입니다."

그 순간 내 위치를 다시 한번 자각했다.

'아, 난 슈퍼마켓에서 배추 파는 총각이구나.'

1998년도 호주의 시드니대학교 졸업 전 마지막 방학기간이었다. 대학에서 무역에 대해 이론으로 배우고 있었지만, 대학생 신분으로 실질적인 무역을 경험해 보고 싶었다.

그때의 호주 시드니는 지금처럼 인턴제도가 발달 되지 않았었다. 하지만 나는 여러 호주회사, 한국회사 안 가리고 이력서를 제출하고 무역을 배우고 싶다고, 공짜 인력이 되겠다는 나의 포부를 피력했다. 하지만 그 어떤 회사에서도 나를 받아주지 않았다.

그러던 중 시드니에서 발간되는 '교민잡지'에 올라온 킴스클럽 구인광고를 발견하게 된다. 사장님과 직접 인터뷰를 하게 되었을 때 거침없이 나의 포부를 이야기했다.

"대학에서 이론적으로 배웠던 무역에 대해서 실제적인 경험을 해 보고 싶습니다. 그간 여러 회사에 인턴쉽이라도 하고 싶었지만 그런 제도가 없어서 회사를 찾던 중에 킴스클럽 구인광고를 보게 되어 당장 달려왔습니다."

환한 미소를 지으시던 사장님께서는 제대로 잘 찾아왔다며 본인을 간략히 소개해 주었다. 대학에서 무역을 전공했고, 호주 오기 전까지 KOTRA(한국 수출 무역 투자 진흥공사)에서 부장으로 근무했다며 개인교습을 일주일에 3회는 해주시겠다고 약속까지 해주셨다.

역시 뜻을 품고 정진하다보니 정성에 감동한 하늘이 나를 도와준 것이 아닌가 할 정도로 기쁜 마음으로 알바를 시작했다.

사실 킴스클럽은 90년대 한국에서 최고의 유통업체로 유명한 상황이었고 그런 유명한 유통업체가 호주에 진출해서 운영되고 있다고 알고 있었으니까 그만큼 기대감도 컸다. 또한 나에게는 full-time

으로 일해 보는 처음 경험이라 모든 것이 신기하기만 했다. 약속대로 몇 번의 무역 개인지도도 받게 되어 기뻤다. 하지만 그 기쁨도 오래가지 않았다.

호주의 '킴스클럽'은 한국 본사와는 관계없이 로열티 내고 이름만 가져온 회사였는데 진짜 사장님은 한국에 있고, 사장님으로 알았던 무역을 가르쳐 주신 분은 월급쟁이 지사장이었는데 더더욱 황당한 것은 그 지사장님이 다른 회사에 스카웃이 되어 떠나 버린 것이었다.

그분이 가고 나니 무역을 가르쳐 주신다는 선생님은 사라지고, 유통과 무역을 배우는 자리라고 생각했었는데 허망하게 한인 슈퍼마켓에서 배추 파는 총각으로 서 있는 자신을 발견했다.

하지만 시드니에서 운영되고 있었던 킴스클럽은 한국에서 모든 공산품과 식품류를 직접 매주 컨테이너로 직수입해서 교민과 한국 상품을 좋아하는 호주인들에게 직접 판매하고 몇 가지 히트 제품을 호주 유통시장에 도매로 공급하는 역할을 하고 있었다.

자그마한 가게 수준의 한인 식품점이 대다수를 이루고 있을 때 1998년 그때 당시 트롤리를 끌면서 쇼핑을 할 수 있었던 유일한 대형 한인 슈퍼마켓이었다.

나의 역할은 매일매일 배추를 팔거나 아니면 도루코 면도칼을 손에 쥐고 반코팅 빨간장갑을 낀 채 열심히 알바생으로서 신라면 박스를 뜯고 있었다. 그때쯤에는 일이 익숙해지면서 신기함은 사라지고 상품진열과 판매 등 일에 매달리고 있었다.

어쨌든 상황이 변하면서 그만둘까도 생각했지만 이왕 이렇게 들어온 이상 뭐가 하나라도 건지고 그만둬야겠다는 생각이 들었다.

그러면서 내가 선택한 태도는 알바생으로만 일하는 대부분의 동료들과는 약간 다른 관점이었다. 미래에 내가 직접 사업을 한다는 생각으로 주변을 바라보기 시작한 것이다.

카운터에서 계산하는 법부터 매장에서 이루어지는 다양한 일들 모두에 관심을 가졌다. 무엇보다 흥미로웠던 건 '어떤 물건이 가장 잘 팔리느냐'였고 그 물건을 직접 수입하는 것에 대한 시뮬레이션을 해보는 것이었다.

매번 상품을 분류하고 진열하고 같은 일을 반복하는 식상함에 벗어나 그런 시각으로 바라보니 새로운 재미가 있었다.

'재미'라는 관점을 하는 일을 통해서 풀어낼 수 있다면 효율과 적극성이 보장된다. 누가 시켜서 한다면 절대로 재미없을 그런 일들을 스스로가 미래를 상상하면서 그때를 위한 예행연습이라는 관점으로 수행한다면 일은 힘든 것이 아니라 '재미있어진다.'

그래서인지 누군가가 내게 세상에서 재미있는 것 두 가지만 이야기를 하라고 한다면 첫째는 비즈니스요, 둘째는 연애라고 이야기하고 싶다.

킴스클럽에 들어가서 가장 내가 즐겨 했던 일 중 하나는 창고정리를 하는 것이었다. 왜냐하면 창고정리를 하면서 유통기한이 지났거나 혹은 임박한 제품들을 발견하는 재미가 쏠쏠했다.

그냥 방치했다면 쓰레기로 전락하게 될 많은 제품들이 내가 선택한 태도로 인해 소비자에게 팔리게 되는 기쁨은 재고파악에 대한 중요도를 깨닫는 좋은 계기가 되었다.

그때 당시, 주인은 없고 직원들만 있는 그 회사는 '재고시스템 없는 매장 운영'을 하고 있었는데 이것의 단점은 말하지 않아도 알 수 있을 것이다. 재고시스템이 없다보니 있으면 있는대로 팔고 주매대에서 사라진 소량의 물품들은 얼마나 남았는지, 얼마나 필요한지 아무도 모르는 상황이 된 것이다.

반면에 장점이 있었으니 매장에 실제적인 주인이 없다보니 일하는 사람들의 자율성과 권한이 아주 많았다.

일례로 유통기한이 임박한 상품들을 매장에 디스플레이 하면서 디스카운트나 세트판매 등 다양한 시도를 할 수 있었다.

그렇게 일을 하다 보니 이런 생각을 함께 공감하는 동료들이 생겨났다. 그들과 함께 매장의 효율적 운영과 매출 증대에 대한 다양한 토론들이 이어졌다. 관심이 없던 친구들도 소외되기 싫어서였는지 아니면 잡담할 대상이 줄어서인지 함께 이 일에 동참하게 되었다.

결국은 열심히 일하다가 땀을 식히면서 담배를 피우는 그 시간이 매장 운영을 위한 의견교환의 시간이 되었고, 젊은 직원들이 뭉쳐서 회사를 위해서 노력하는 모습을 보고 매니저 역할을 하던 회사 간부들도 함께 동참해서 우리가 하려던 것들에 대해서 도움을 주기 시작했다.

방만하게 운영되어왔던 회사는 낭비되어 오던 비용을 줄이고 매출이 증대되면서 최대의 호황을 이뤄냈다.

회사가 이익을 내니까 한국에 있던 사장님이 호주에 자주 출장 오기 시작했다. 그리고 직원들에게 혜택을 주면서 더더욱 회사 분위기가 좋아지고 함께 사기가 돈는 열정이 피어올랐다.

사람은 환경이 참 중요하다. 그래서 '사람이 태어나면 한양으로 보내고 말을 낳으면 제주도로 보내라'고 했던 것 같다. 주어진 환경에서 영향을 많이 받기 때문이다.

슈퍼마켓(킴스클럽)에서 일을 하고 있노라니 무역 아이템을 찾아도 슈퍼마켓다운 아이템만 나왔다. 생전 듣지도 보지도 못했던 코다리에 대한 관심을 갖게 되고, 빨간색 반코팅 장갑을 연구하기 시작했다. 그러던 중 생각지도 못한 아이템을 발견했다.

그건 다른 것이 아니라 한국 음반 CD였다. 열심히 힘들어서 판매한 신라면 한 박스보다도 한국 음반 CD 한 장이 훨씬 큰 마진을 남겼던 것이다.

슈퍼마켓에서 일을 해보신 분은 알겠지만 슈퍼에서 신라면을 선반에 채우는 일은 엄청 자주 반복되는 일이다. 그만큼 신라면이 라면 가운데 매출이 높은 제품이라는 반증이기도 하지만 일하는 입장에서는 신라면 전시 업무가 진짜 많다.

그런데 신라면이 인기가 많은 만큼 경쟁도 치열해서 실제 마진은 그리 크지 않았다. 그때 당시 CD가 한국에서 도매가격이 6,000원에 공급되고 있었는데 그 매장에는 $18(A$1=750, 13,500원)에 납품이 되었다. 그리고 판매가는 $25(18,750원)였다.

신라면 1박스 팔면 3불 남았는데 CD 한 장 팔면 $7이 남으니까 훨씬 매력적인 상품으로 내게 다가왔다. 그렇게 생각을 하니 한국음반을 6,000원에 직수입해서 직접 판매를 한다면 CD 1장 팔면 물류비를 제외하고도 만원 이상 남는 훌륭하고 재미있는 모델이 될 거라는 생각을 하게 되었다. (도매가 6,000+물류비 1,000-판매가 18,750=수익 11,750원)

이런 상상은 결국 불과 몇 달 뒤 현실이 되어 나의 첫 창업으로 이어졌다.

이렇게 킴스클럽은 한국에서 물건을 수입하는 회사였기 때문에 각종 통관과 검역, 그리고 수입절차에 대하여 직접적으로 경험 해 보는 기회가 되었다.

내 돈을 투자하지 않고도 리스크를 갖지 않으면서 실제적으로 경험을 해본다는 것은 직장이 가져다주는 최고의 장점이었다.

직장인의 대다수가 힘들어하는 것 중의 하나가 회사의 일부로 존재하는 자신의 '정체성에 대한 회의'라는 측면도 있다고 생각한다. 하지만 끊임없이 오너(사장)의 입장에서 생각하면서 직장을 바라보면 생각지 못한 새로운 측면들이 많이 있게 된다.

창업이 선택이던 시대는 이제 지났다. 창업은 선택이 아니라 필수가 되어버렸다. 기대수명이 100세 이상을 바라보는 지금에 있어서 정년을 채우고 직장을 나온다 해도 살아갈 날이 많기 때문에 또 다른 일을 찾을 수밖에 없는 환경이 되었다.

문제는 그 또 다른 일이 이제껏 하던 좋은 직장이 아니라 경비원 등 몸으로 때워야 하는 열악한 직장이거나, 아니면 창업을 할 수밖에 없는 환경에 처한다는 것이다. 그렇다면 그 상황이 닥쳐서야 창업을 준비하지 말고 직장을 다니는 동안 충분한 창업연습을 해보면 어떨까 하는 생각이 든다.

'창업 준비'라고 거창하게 말할 필요도 없다. 속해있는 직장의 사장님에게 그 회사를, 아니면 매장을 (자신이) 물려받을 거라는 착각(?)을 해보자. 그러면 사장으로서 그 직장을 바라보게 될 것이다.

주인의식이 가져다주는 최고의 장점은 넓은 시야를 확보하는 것이다. 지엽적인 이유에 집착하는 직원 마인드에서 회사를 운영해 나가야 하는 경영자의 마인드로 직장에 임하게 된다면 개인의 발전도, 회사의 발전도 분명히 있을 것이라고 확신한다.

만약에 내가 알바생으로써만 생각하고 시간이나 때우는 식으로 일을 했다면 난 절대로 사업을 하지 못했을 것 같다.

그 시간들을 통해서 배웠던 매장관리와 재고파악, 통관과 검역, 가격 정하는 노하우, 그리고 아이템까지……. 정말 난 슈퍼에서 많은 것을 배웠다.

주인 없는 회사에서 일하게 되었던 그 시점에 '사업적 마인드'(사마)를 알게 되었고 그러한 적용들이 있었던 그 시간이 결국 훗날 여러 비즈니스를 하는데 엄청난 도움이 되었다.

주변에서 찾은 아이템이 알토란 비즈니스가 되다

⌄

슈퍼마켓 알바의 경험들을 통해 많은 것을 얻었고 비즈니스 아이템도 찾아내는 행운을 가질 수 있었다. 시작은 그다지 복잡한 사고에서 나온 것이 아니었다.

단순하게 신라면을 파는 것보다는 한국 음반 CD를 판매하는 것이 이익이 훨씬 좋다는 생각이었다.

처음엔 한인 밀집 지역 5군데를 선정하여 샵인샵(shop in shop)의 형태로 조그마한 가게를 만들어서 시드니 전 지역을 커버한다는 계획을 세웠다. 하지만 시드니에 대표적 한인 밀집 지역이었던 스트라스 필드(Strath field)에 자리를 알아보던 중에 새로운 기회가 생겼다.

지금까지도 시드니 최고의 한인 지역으로 자리 잡고 있는 스트라스 필드는 한인이 원하는 많은 매장들이 이미 있었다. 다행히 그곳에 음반매장은 없었지만 이미 좁은 상권에 인기가 너무 많아 권리금 없이 임대 가능한 가게 자리를 찾을 수 없었다. 군이 필요하다면 권리금을 내고 매장을 얻어야 했다. 하지만 내겐 그런 여윳돈이 있지도 않았고 그런 멋진 가게 자리도 필요하지 않다고 생각했다.

그러던 중 쇼핑센터에 들어가는 입구 쪽에 계단을 발견했다. 계단을 따라 올라가니 2층에 '임대 가능'이라는 표지가 붙어 있는 사무실 자리 같기도 하고 매장으로 전환이 가능할듯한 장소를 발견했다.

몇 개의 법률, 회계 오피스가 있고 한인 PC방이 하나 있는 장소였는데 임대가 가능한 그 자리는 여행사를 하다가 망해서 비어 있는 세 개의 오피스 자리였다.

매장으로 사용할 자리를 찾던 내게 그 자리는 권리금도 없고, 오피스로 사용했던 장소였지만 음반매장도 가능하다고 생각했다. 더욱더 매력적인 것은 매장자리가 아니어서 그런지 임대비도 아주 저렴했다.

집에 돌아가서 생각지도 않았던 고민을 했다. 임대로 나온 장소는 3개의 오피스가 나란히 있는 곳이니 그 내부 벽을 없애면 멋진 대형매장 자리가 나올 수 있겠다는 생각에서였다.

음반매장 하나만을 하기엔 너무 큰 장소였기에 갑자기 계획에 없던 서점과 음반점을 함께 해보는 것은 어떨까 하는 생각이 들었다.

내가 근무했던 킴스클럽에 한국 음반을 공급했던 회사는 시드니에서 가장 큰 규모로 운영되고 있는 '한솔서점'이라는 곳이었다.

서점과 음반점을 함께 운영한다면 한인 밀집 지역인 그곳에서 승부수를 던져볼 수도 있겠다는 생각이 들었다. 그때부터 서점에 대한 시장조사를 시작했다.

크게 세 가지 측면을 고려하면서 나름 조사를 했다. 첫째는 인테리어, 둘째는 위치, 셋째는 가격적 측면이었다.

시드니에는 이미 2개의 서점이 있었는데, 한국에 있는 서점을 생각해 보면 그 두 곳은 한국의 읍내에 있는 큰 문방구에 책과 음반이 약간 있는 느낌이었다.

만약 한국처럼 현대식 느낌의 서적·음반점을 인테리어로 채택한다면 기존의 서점과는 확실한 차별화를 이룰 수 있겠다고 생각했다. 거기에 청음기가 달려 있는 음반점이 모양을 갖춘다면 상상만 해도 괜찮을 거라는 기대감이 생겼다.

두 번째로 위치를 생각해 보았다. 그때 당시 '캠시'란 지역이 대표적 한인촌으로 불리고 있었지만 오픈하고 싶은 스트라스 필드는 유학생들이 가장 많이 거주하는 떠오르는 한인촌이었다.

이미 캠시에 근접한 곳에 두 개 서점이 있었지만 스트라스 필드와는 거리가 떨어져 있었기 때문에 위치적으로도 충분한 장점이 있었다.

비록 2층에 있기는 했지만 쇼핑센터 입구에 올라가는 계단이 붙어 있기 때문에 권리금을 안 냈음에도 불구하고 가치가 있는 좋은 위치라고 생각했다.

세 번째 관점은 책과 음반의 가격이었다. 후발주자가 취할 수 있는 가장 쉬운 전략은 경쟁력 있는 가격이다. 그러나 가능하냐는 의문이 들었다.

책값의 경우 한국에서 1만원의 책이 기존 서점에서는 $40(당시 $1=750원, 30,000원)이었다. 한국에서는 도매가격으로 6,000원이었던 점을 고려하면 마진이 충분하다고 생각했다. 항공물류로 들어온다고 해도 권당 4,000원이면 충분했기에 물류비용 포함 1만원의 책을 3만원에 판매를 하는 것은 너무 높은 이익이라고 생각했다. 거기다가 선박물류를 적절히 사용한다면 훨씬 가격을 조정할 수 있는 여건이라고 생각했다.

왜 그렇게 가격을 높게 측정하는지 기존의 서점을 하시는 사장님께 여쭤봤더니 책을 구입하는 사람이 별로 없다고 했다. 난 그 이유를 조사했고 많은 시드니 한인들이 서점에서 책을 구입하지 않고, 친척이나 친구를 통해 소포로 책을 구입하고 있다는 것을 알게 되었다. 불편하게 부탁하지 않아도 현실적인 가격으로 빠르게 책을 구입할 수 있도록 서점이 그 역할을 한다면 훨씬 많은 사람들이 서점에서 책과 음반을 구입할 거라고 생각했다. 그래서 최종적으로 나는 물류비용 포함 1만원의 책을 $27(2만원)에 판매하기로 결정했다.

사실 이 사업을 추진했던 것은 나 혼자만의 창업은 아니었다. 언젠가는 혼자만의 사업을 하겠다는 같은 뜻을 품고 킴스클럽에서 함께 일을 했던 나보다 나이 많은 형님과 함께였다.

당시에 나는 단독적으로 오픈을 할 만큼의 자금을 갖고 있지도 않았고, 전혀 사업을 해보지 않았던 나에게 한국에서 기독교출판사를 운영해봤던 그 형은 많은 도움이 되었다.

호주에 온 지 얼마 안 되었던 형은 언어적, 문화적으로 어려움을 겪는 부분이 많았고, 상호보완적 요소가 강해서 함께 동업을 하게 된 것이다.

정규직 취업의 기회를 가져 보지도 못하고 동업으로 호주에서 한인서점을 오픈한다는 발상은 많은 사람들의 우려를 자아냈다.

한국 사람은 동업이 불가능한 민족이라는 이야기를 듣기도 하고, 세계 100위권 안에 들어있는 시드니대학을 졸업해 가지고 겨우 한인서점을 하냐는 비아냥거림의 소리도 들어야 했다.

더욱이 몇몇 사람들은 내가 고려했던 세 가지 점 모두를 비관적으로 예측했다.

"기존에 서점을 하고 있는 사장이 돈이 없어서 인테리어를 그렇게 모던하게 안 했겠냐?"

"왜 내가 들어가려고 하는 지역에 지점을 안 내고 있겠냐?"

또는 "가격을 낮춰서 책이 많이 팔린다면 충분한 마진이 있는데 왜 그런 시도를 안 했겠냐?"고 하는 사람도 있었다.

의견을 물어봤던 수많은 주변인들의 심한 비판과 간섭이 계속되었다. 흔들릴 수도 있었지만 우리의 확신에는 의심이 없었다. 기존에 없었던 뭔가를 시도하려고 할 때 주변인들은 보통 부정적으로 이야기한다는 것을 20여 년이 지난 지금도 늘 체험한다.

새로운 시도를 할 때 필요한 것은 해당 분야 전문인들의 팩트에 대한 점검과 함께 철저하고 구체적인 조사가 필요하다.

요즘에는 네이버에만 들어가도 상권분석을 공짜로 해주는 사이트가 있다. 매장을 오픈하려면 상권분석부터 각종 첨단 기술이 말해주는 데이터까지 구할 수 있다. 물론 본인 또한 최소 2주 이상 현장에 나가서 직접 차량의 흐름과 지나가는 행인의 발걸음과 연령, 성별 그리고 지역의 경제수준까지 구체적으로 체크해야 한다. 막연하게 주변인에게 물어봐서는 막연한 대답을 얻을 수밖에 없다.

자금이 충분치 않았던 우리는 이상과 현실의 괴리를 모든 단계의 일이 진행되는 매순간 느껴야 했다.

모던한 멋진 매장을 만들고 싶었지만 인테리어 비용도, 재고를 충분히 갖출 자금력도 부족했던 우리는 끊임없이 아이디어를 생각하고 도움을 요청하며 어려움을 극복해야 했다.

지금 돌이켜보면 너무 위험이 큰 도전을 했다는 생각도 든다. 보통 최소 6개월 정도의 운영자금을 가지고 시작해도 생각지 않은 자금 소요가 발생해서 문제가 되는 경우가 많은데, 자금에 대한 충분한 예측이 부족했던 점은 있었다. 하지만 우리는 결국 성공을 만들어 냈다.

그리고 그렇게 첫 창업에서 터무니없는 운영자금의 리스크를 안고 노력하여 성공적으로 사업을 론칭했던 경험을 갖게 되자, 그 이후의 사업에서는 자금 부족에 대한 두려움 없이 도전할 수 있는 힘이 생겨났다.

언제나 무엇을 하던 늘 환경에 따른 문제가 나올 수 있지만 그 상황에 대한 대안을 생각해 내고 맞추어 나가면 해결될 것이라고 생각한다.

당시에도 책에 대한 재고를 넉넉히 확보하지 못할 상황이라서 전시중심 형태의 디스플레이 선반을 만들었다.

베스트셀러 중심으로 분야별 단 2권만 비치하면서도 마치 충분히 재고가 있는 것처럼 보이도록 전시하여 시작할 수 있었다. 또한 부족했던 인테리어 비용은 매달 매출에서 갚아 나가는 방식으로 계약을 맺어서 초기 자본의 부족한 부분을 채워가면서 오픈할 수 있었다.

주변인들의 우려와는 달리 파격적인 가격으로 인해서 서점에서 책을 사는 독서인구가 급증했다. 디지털이 발달한다 할지라도 아날로그 책의 존재는 어디에서든 의미가 있는 아이템이었고 언어적 한계 때문에 호주 현지 책으로 채우지 못한 부분들은 한국어책으로 채워야 하는 부분이 있었다.

호주에서 경제학을 공부할 때도 원서 외에도 한국어 '경제학원론' 책을 참조했던 과거를 생각해 보면 영어만 쓸 것 같은 유학생들에게 있어서도 한국어책의 수요가 생각보다 크게 존재하고 있었다.

또한 최첨단 청음기를 통해 새로운 음반에 관심을 갖게 된 한국인을 비롯한 여러 다른 민족들이 한류의 유행과 함께 매장을 찾게 되면서 엄청난 급성장을 하게 되었다.

예를 들어 HOT 음반이 유행하게 되어 한국인들에게는 9집이 신작 앨범으로 나오게 되면 9집만 사게 되지만, HOT를 처음 알게 된 외국인들은 1집부터 9집까지 음반 전체를 수집하는 경향이 있어서 KPOP

의 성장은 매출에 엄청난 영향력을 끼쳤다.

표면적으로는 한국책, 한국음반 매장이었지만 세계 속의 한국의 문화를 판매하는 상징적 의미도 상당히 컸다.

서적의 경우에도 단순히 서점에서 판매하는 방식에서 벗어나 시드니 전역의 지역도서관에 한국 책을 납품하게 되면서 물량이 엄청 늘어났다. 155개 민족이 모여 사는 다민족국가인 호주에서는 소수민족 언어의 책과 음반들도 지역도서관에 의무적으로 비치되게 되어있었다.

한 해에 두 번씩 정기적으로 도서관에 전시 판매하는 루트를 찾게 되었고 거기에 납품되는 서적과 음반으로 교민과 한국에 관심 있는 외국인들의 필요를 채워준다고 생각하니 민간 외교관(?)의 역할과 함께 매출이 기대 이상으로 성장할 수 있었다. 한국어로 강의가 되는 신학교에 신학서적과 전공서적을 공급하게 되면서 매년 고정적으로 납품되는 루트가 생겼고, 그 책들을 사기 위해서 서점으로 고객들이 몰리면서 매장의 입지가 더욱 공고하게 되었다.

시작 자체는 한인들을 위한 서점으로 시작되었지만, 교육용 호주 책자들을 취급하게 되면서 호주교육서점으로서 지역주민들이 쉽게 들어올 수 있게 문턱을 낮추었고, 한국의 발달된 문방구 용품들을 전시 판매하면서 대표 문구백화점으로서도 영역을 확대하게 되었다.

오픈한 지 6개월 만에 항공으로 들어오는 물량이 매달 1톤이 넘게 되었고, 3개월에 한 번씩 해상물류를 통해 컨테이너로 책과 음반 기타 물건들을 수입하면서 실제적 이윤이 올라가자 더 자신 있게 공격적인 마케팅을 할 수가 있었다.

결국 2년 만에 시드니에 스트라스 필드, 캠시, 채스우드에 직영 서점을 오픈할 수 있게 되었고, 쇼핑센터에 독립적 한국음반 전문점을 오픈하게 되었다. 또한 멜번과 브리스번, 두 도시에 프랜차이즈 형태로 '호주 종로서적 NeoPlaza'가 생겼다.

막연하게 킴스클럽 슈퍼마켓에서 품었던 꿈들이 현실로 이루어져서 시드니 한인마트 40여 곳에 음반과 월간지를 납품하게 되었고 명실상부 호주 최고, 최대의 한인서적·음반점으로 성장했다.

또한 단순한 한국어책을 판매하는 것에 그치지 않고 한인들의 교육을 위해 호주 교육 서적을 엄선해서 판매함으로서 영어참고서 선택에 어려움을 겪는 교민들에게 긍정적인 영향력을 끼쳤고, 한류열풍으로 인해 한국에 관심이 있는 외국인들에게 한국어 교육 교재에서부터 다양한 한국음반 CD와 드라마 DVD 판매를 통해서 호주 전역에 도매 유통이 시작되었다.

시선을 넓게 하고 소비자들의 새로운 수요에 부응하였을 때 생각지도 못한 다양한 매출이 발생하게 되어서 기대 이상의 성과를 낼 수 있었다.

특히나 155개 민족이 모여 사는 다민족국가인 호주에서는 한국 드라마가 보급될 때마다 한국에선 이미 끝나버린 히트음반과 드라마 DVD가 뒤늦게 판매되어 호황을 만들었다.

새로운 것에 대한 도전을 한다고 했을 때 많은 사람들이 주변인들에게 자문을 구한다. 물론 사업경험이 많은 주변인들이나 세상경험이 많은 어르신들에게도 묻는다.

필자가 강조하고 싶은 것은, **같은 업종의 성공적인 사업경험의 자문이 제일 중요하다**는 것이다.

애매한 사람들의 조언 때문에 진짜 해야 할 일을 시작 못하는 많은 사람들을 보았다. 비유하자면 사업을 한다는 것은 운전자가 되는 것과 비슷하다. 늘 조수석 혹은 뒷자리에서 구경하듯 앉아서만 있었던 학생의 신분이나 직장인의 신분과는 달리 '사장'이란 타이틀을 가지고 직접 운전해야만 하는 포지션이다.

자문을 받을 수는 있지만 운전 경험이 없는 승객에게 자문을 받는 것은 큰 의미가 없을 수 있다. 일반적 경험들이 많지 않은 트럭을 운전한다고 했을 때 일반 승용차를 운전하는 분에게 자문을 구할 수는 있지만 그 또한 감안해서 자문을 받아야 한다.

가장 바람직한 자문은 같은 업종의 성공적인 사업자에게 받아야만 제대로 된 자문이 될 수 있다.

운전자는 아니 **사장의 포지션은 자문은 참조하되 자신의 판단으로 행동해야 할 자리**이다.

패션쇼 촬영장에서 만들어진 비즈니스 모델

〰

시드니의 대학시절 함께 단편영화를 찍었던 친구들이 있었다. 충무로에서 촬영부 조감독을 하다가 유학 온 친구부터 사진, 음향, 연출 등 가진 재주들이 다양한 7명이었다. 사업을 시작하고서도 한 번씩 만나서 예술을 이야기하던 때였다.

2000년 시드니올림픽 개최와 맞물려 앙드레 김 선생님의 '시드니 패션 판타지아 2000' 패션쇼가 호주에서 열리게 되었는데 그 소식을 들은 우리가 장난기가 발동해서 C**방송국이라고 우리를 소개하고 주최 측에 촬영 협조를 구했다.

"안녕하세요. 저희 C**에서 이번 앙드레 김 패션쇼 촬영을 하려고 하는데 가능할까요?"

떨리는 마음으로 전화를 걸었는데 뜻밖의 대답이 돌아왔다.

"아~ C**라고요. 촬영을 와 주시면 저희야 영광이죠."

도대체 주최 측은 C**를 어떤 방송국으로 이해했을까 궁금했다. 미국에 유명한 C**를 생각했을까? 아니면 한국의 기독교방송 C**를 생각했을까? 어쨌건 귀에 익숙한 C**라는 말에 자연스레 촬영 허가를 받고 우린 시드니 C**팀을 구성했다.

대학교에서 부전공으로 Film Studies를 공부했지만 실질적 영화에 대한 작업과 이해는 동아리처럼 모여서 함께 영화를 찍었던 그 친구들을 통해서였다.

영화감독의 꿈을 잠시나마 갖고 있었던 내가 C**팀에서 맡게 된 것은 리포터였다.

가슴엔 사진과 함께 C**로고와 리포터 직책이 적힌 회사증을 만들어서 자랑스럽게 달고, 7명의 용사들이 각종 방송 장비를 가지고 패션쇼의 현장으로 진입했다.

처음 들어가서 마주친 것은 장OO, 차OO씨가 시드니 한인 라디오와 인터뷰하고 있었다. 조명이 비추면서 커다란 영상카메라와 함께 7명의 사람들이 나타나자 진행되고 있던 인터뷰는 중단되고, 매니저가 쏜살같이 달려와 우리를 막아섰다.

"어디에서 오셨죠?"

"저흰 주최측 대표님께 촬영 허락을 받은 C**입니다."

"아, 말씀 들었습니다. 저희 잠깐 메이크업 할 시간 주시죠. 감사합니다."

속으로 조마조마하며 떨면서 이야기했던 우리를 'C**'라는 말 한마디에 아무런 의심없이 단순하게 받아들이는 매니저들을 보면서 사기꾼들이 이런 식으로 익숙한 것을 이용해서 사기를 치는 게 아닌가 하는 생각도 들었다.

장OO은 지금까지도 내가 가장 좋아하는 배우다. 그때만 해도 지금처럼 레전드급 배우는 아니었다. 하지만 앞에서 그를 바라보고 있노라면 내가 비록 남자라 할지라도 그의 깊은 눈매와 몸짓을 비롯한 모든 것에 현혹될 만큼 멋진 남자였다.

그에게 내가 말을 건넸다. 태어나서 처음으로 카메라 앞에서 인터뷰를 하는 것만으로도 영광인데 그 상대가 대세 배우 차OO와 멋진 남자 장OO이라니 믿기지 않을 정도였다.

내가 처음 창업을 할 때 만들었던 회사 이름이 Neo Group Australia Pty Ltd이었다. 그래서 그 자회사를 만들 때마다 Neo란 이름을 함께 넣었다.

예를 들면 서적 음반점은 Neo Plaza라고 이름 지었다. 같은 맥락에서 프로덕션을 해야 한다면 그 이름은 Neo com Production으로 해야겠다고 생각하고 있었다. 인터뷰 말미에 무슨 용기가 났는지 2명의 배우에게 요청을 하나 드렸다.

"저희 프로덕션 이름이 Neo com Production인데 두 분이 저희 프로덕션 파이팅 한번 외쳐주시면 감사드리겠습니다. 장OO씨부터 부탁드립니다."

영원히 기록으로 남을 장OO과 차OO씨의 파이팅 멘트는 영상 기록물로 남아 있다.

두 번째 인터뷰는 앙드레 김 선생님이었다. 지금은 고인이 되어버린 멋진 앙드레 김 선생님과의 인터뷰는 아직도 잊히지 않는다.

TV로만 접했던 선생님 특유의 영어단어와 한국어 접속사로 구사하는 표현법은 한마디로 판타스틱했다.

"제가 이번에 세컨드 타임으로 시드니를 비짓 했는데 웨더가 판타스틱하고 리얼리 뷰티풀해서 참 세티스파이드 했어요."

이런 식이었다. 촬영을 한다고 뒤쪽으로 가서서 하얀 정장 위 머리 위에 흑채를 뿌리시고, 화장을 직접 고치시던 선생님의 모습이 그 당시에는 웃기고 재미있다 생각했지만, 지금은 고인이 되어버린 선생님의 예술혼과 그 깊이를 생각하면 새삼 그때 장난기 어렸던 내 행동이 반성이 된다.

뭔가 웃겨야 된다는 생각에 짓궂게도 그때 당시 유명했던 선생님의 본명 '김봉남'씨 이야기까지 하며 인터뷰를 했지만 너무도 따뜻하게 하나하나 응해주셨다. 재미있었던 건 그 당시 앙드레김 선생님께서 영어단어 구사에 너무 심혈을 기울이다보니 원래 하시려던 이야기를 잊어먹어서 나에게 제발 말을 이어가게 해 달라는 듯 호소하는 눈빛을 보내던 것이었다.

인터뷰 말미에 선생님께서 패션쇼 끝나고 꼭 회식에 참석해서 더 많은 이야기 나누자며 내 손을 잡아주시던 그 기억이 생생하다.

마지막으로는 미스코리아 진에 뽑혀 패션쇼의 여주인공으로 온 김

○○이 있었다. 계속되는 촬영과 기다림으로 긴장감도 사라지고 지쳐 있던 내게 김○○과의 인터뷰는 지금 생각하면 참으로 미안하고 부끄럽기까지 하다. 이제 막 미스코리아가 된 소녀에게 내가 했던 질문 중 하나는 이렇다.

"김○○ 씨. 대한민국 최고의 미녀로 인정받은 셈인데 김○○ 씨의 아름다움을 부러워할 분들이 많으실 것 같아요. 미모의 비결이나 꿀피부를 유지하는 노하우를 알려주세요."

지금의 김○○이 이 질문을 받았다면 자연스럽게 이야기했을 텐데 어린 소녀에겐 다소 엉뚱한 질문인지라 당황하는 기색이 역력했다.

인터뷰를 해주셨던 모두 우리 카메라에 윙크까지 해주며 패션쇼를 하고 있는 내내 신경을 써주었다.

패션쇼의 마지막이 다가오니까 한국에서 날아온 KBS, MBC, SBS 방송국에서 연예소식을 전하는 리포터들이 촬영을 하고 있었다.

7명의 C**요원들은 눈빛으로 '철수'를 외치며 조용히 행사장을 빠져나와 한인 식당에 모였다. 그런데 그렇게 모인 우리를 보고 어떤 젊은 친구가 이야기한다.

"아까 패션쇼에서 촬영하시던 분들이다."

그 말을 듣자, 우리를 알아보는 사람이 있다는 생각에 반갑기는 고사하고 갑자기 두려움이 엄습했다. 그러잖아도 호주의 좁은 한인사회에서 서점까지 하고 있는 내가 C**라고 속이고 촬영했다는 소문이라도 난다면 신뢰성에 큰 타격을 받을지도 모른다는 생각이 들었다. 아니 '사기꾼'으로 낙인찍힐까 두려움이 생겼던 게 솔직한 심정이었다.

결국, 얼마 후 장○○의 축하 메시지에 맞장구라도 치듯 얼떨결에 Neo com Production을 차리게 된 웃지 못할 사연으로 마무리됐다.

이 사례가 일반적인 경우는 아니지만 어쩌면 이렇듯 사업은 완벽한 계획 속에서만 이뤄지는 것은 아닐지도 모른다. 생각지도 않게 프로덕션을 오픈했지만 서점음반 사업을 통해서 만들어진 이익금을 재투자하면서 프로덕션을 제대로 만드는 작업이 시작되었다.

돈을 모아서 단편영화 찍던 것과는 달리 프로덕션은 이익창출을 해야만 하는 사업이다보니 예술적 부분보다도 실제적 비즈니스 모델을 만들기 위해 노력했다.

사업은 두 방향에서 이루어졌다. 제작과 유통 부분이었다. 제작 부분에서는 호주시장 내 각종 영상제작과 편집 업무로 집중되었다. 어느 정도의 영상장비가 마련되자 전문성 있는 친구들이 모여들기 시작하면서 호주에서 영향력 있는 작업들을 주문받기 시작했다.

유명한 브랜드의 론칭 행사 촬영에서부터 시드니대학교 다큐멘터리 제작에 이르기까지 다양한 요구가 있었다. 심지어 독일 포르노 영상의 편집까지도 의뢰가 들어왔다.

호주 내 프로덕션으로서 입지가 확보되면서 그 기술력을 인정받아 여러 CF 업체와 연계되어 일을 하게 되었다.

더 나아가 '세계를 간다, 호주 편' 여행 정보지의 자료를 영상으로 만들어 보자고 해서 각종 호주 정착 가이드를 영상으로 제작했다. 한편으론 그러한 과정들을 통해서 호주에 대해서 좀 더 알 수 있는 기회를 갖게 되었다.

유통 부분에 있어서는 한국영화 제작사와 저작권 문제를 협의해서 한국영화 비디오 판권을 호주 방송사에 판매하고, 불법복제 유통되는 한국영화를 합법적으로 유통시키는 일들을 하게 되었다. 이 일들을 통해 한국영화 판권을 사서, 한국영화를 호주에 상영시키는 영화 수입업자로 성장하게 되었다.

비즈니스는 하나의 생물체처럼 살아 움직이는 것 같다. 어떤 하나가 시작되면 다른 연관성 있는 일과의 연계는 너무 쉽게 이루어지고 계획하지 않고도 저절로 찾아오는 비즈니스가 펼쳐진다.

장난처럼 시작된 앙드레 김 패션쇼 촬영이 프로덕션을 만드는 계기가 되었고, 프로덕션을 하게 되면서 한국영화사와 인연을 맺게 되어 영화 수입과 유통이라는 새로운 비즈니스가 펼쳐졌다.

그리고 한국에서는 상상도 못 할 호주에 한국영화 전문관을 오픈하는 찬스를 맞게 되었다.

이렇듯 **어디로 튈지 모르는 비즈니스의 세계는 먼저 발을 내딛고 걸을 때에야 비로소 실체가 드러나는 신비한 생물**이다.

생각만 갖고 실천하지 않으면 그것을 절대 체험할 수 없는 것이다. 물론 어느 것이나 세상 모든 게 그러하지만, 특히나 비즈니스의 세계는 더욱 그런 것 같다.

호주 최초의 한국영화 전용관 '민교'를 오픈하다

무역을 배우겠다는 열정으로 시작한 나의 비즈니스 행로는 슈퍼마켓 아르바이트생을 시작으로 서적 음반 전문점, 프로덕션, 영상사업, 영화유통을 거쳐 급기야 호주 최초로 한국영화 상영관을 오픈하게 되기까지 나에게 여러 기회를 가져다주었다.

앞서 말했듯이 비즈니스는 생명력이 있는 것처럼 동떨어진 곳에서 갑자기 생겨나는 것이 아니라 늘 하던 일, 혹은 주변 환경 속에서 접목이 이루어진다. 하지만 더 깊이 관찰해보면 과거에 그에 따른 불씨 혹은 씨앗이 뿌려져 있었는지도 모른다.

초등학교 5학년 때 학교에서 내준 숙제가 있었다. 미래에 대한 꿈에 대해 구체적인 계획을 세워서 발표하는 것이었다.

그때 당시의 많은 어린이들의 꿈은 대통령이었다. 지금은 대부분의 아이들의 꿈이 '연예인' 혹은 '스타'란 이야기를 들었다. 일면 아이들의 단순한 꿈이 시대의 흐름을 단적으로 대변하는 것 같다.

난 그때 '사업가'라고 꿈을 정했다. 사업을 하기 위한 사업자금 확보를 위해 먼저 회계사가 되었다가 사업을 해야겠다는 계획을 잡았다. 좀 더 구체적으로 계획을 세우려고 하다 보니 다음과 같은 상상을 하게 되었다.

대학은 경영학과로 진학하고, 대학 생활 중 강변가요제에 나가서 대상을 타고, 유명한 가수로서 1년간 활동을 하고 돌연 은퇴한다. 열심히 공부해서 회계사 자격증을 확보하고 사업자금을 모아 제대로 된 사업을 시작한다.

마침내, '가수 조성우, 회계사 거쳐 사업가로 변신하다.'라고 스포츠신문의 헤드라인에 잡힌다는 상상이다. 물론 현실에서 대학은 경영학과를 진학했지만 강변가요제에 출전도 못했고, 그러니까 가수도 못 되었고 결국 스포츠신문에도 기사가 실리지 못했다. 물론 회계사 자격증도 받지 못했고. (다른 내용으로 월간지, 주간지에 기사가 실리기는 했었다.)

2000년대 초반은 한국영화가 조금씩 한국 외의 나라에서도 인기가 올라가는 시점이었다.

'친구', '무사시', '조폭마누라' 등 한국영화가 흥행을 할 때 호주에도 이런 영화들이 수입되어 상영되기 시작했다. '조폭마누라'를 수입하기 위해 인맥을 통해 당시 제작자였던 서세원씨를 만나서 계약을 하고 그 영화를 호주에서 상영시켰다.

그때 당시 한국영화들이 상영되는 대표적 영화관이 있었는데 그 위치가 시드니 중심부에 위치한 달링하버와 차이나타운 근처였다. 그때 당시만 해도 전 세계적으로 한국문화가 유명세를 치르는 큰 비중이 있는 시대는 아니었고 가까운 중국이나 동남아시아 친구들 정도가 열광하는 시대였기에 차이나타운에 위치한 영화관은 아시아 관객들을 끌어드리기에 좋은 위치였다.

한 달간 상영된 '조폭마누라'는 나름 관람객이 많았다. '친구'처럼 빅히트는 아니었지만 외국인들도 많이 왔었고, 한국영화의 해외시장 진출에 대한 가능성을 보여주는 시도였다는 생각이 들었다.

아침, 저녁으로 영화관에 나와서 최선을 다하는 것을 본 영화관 대표는 그 모습에 감동했다며 몇 가지를 제안했다.

70년대 성룡영화를 수입해서 아파트 몇 채를 구입했을 만큼 중국 영화의 황금기가 있었는데 이제 한국영화의 시대가 올 것 같다며 다소 좋은 조건으로 아예 한국영화관을 해보는 것이 어떠냐는 제안을 받았다.

대학교에서 비즈니스 관련 공부를 했지만 film studies(영화학)를 부전공했던 나는 한때 영화관 오픈에 대해서도 관심을 갖고 있던 참이었다. 나는 어떤 것에 관심을 갖게 되면 생각만으로 멈추지 않고 늘 실천을 했다.

관심뿐이었지만 공연히 부동산업체를 찾아가서 영화관 시설을 임대하는 매물이 나와 있나 알아보곤 했었다. 이런 꿈을 꾸게 된다면 혹여나 언젠가 내가 이 꿈을 실현할 수 있을지도 모른다고 생각했었다.

그로부터 세월이 많이 흐른 것도 아니고 겨우 4년 정도 지난 시점에서 영화관 대표의 임대 제안은 '꿈에 대한 실현'이라는 측면에서 나에겐 기회라고 느껴졌다.

그렇지만 무작정 영화관을 오픈한다는 것도 쉽지 않은 결정이었다. 시장조사를 하고 한국의 영화제작사와 영화진흥공사 등 영화수입에 관련된 제반사항과 지원사항 등을 알아보았다. 그러던 중 뜻밖의 전화를 받았다.

한국 문화관광부에서 대사관을 통해 한국영화를 수입했던 업체들을 조사하고 관련 업체 가운데 발전 가능성이 있는 업체에게 지원하려는 움직임이 있다는 것이었다. 기대치 않은 희소식이었다.

그때 당시 나는 KOTRA(수출 무역 투자 진흥공사)에서 지원하는 호주 차세대 무협협회 부회장직을 맡고 있었는데 함께 활동하던 '민교'라는 업체의 여성대표가 있었다.

이미 영화 '쉬리'를 최초로 수입 상영했고, '난타', '조수미의 오페라' 등 대형 행사를 많이 기획한 업체였다. 그 대표를 만나 한국영화 전용관의 오픈에 대해 자문을 구했다. 역시나 인맥이 좋았던 그 대표는 바로 대사관에 전화를 걸어, 현대, 삼성 쪽에 확인하더니 생각지도 않은 제안을 했다.

"저희 민교와 함께 하신다면 대사관을 통해 정부지원금도 받을 수 있고, 현대, 삼성에서도 지원해 주신답니다. 저희랑 함께 하시지요."

너무나 좋은 조건에 영화관 대표로부터 임대 제안을 받았는데 '민교'같은 큰 업체가 함께 일을 도모하자며 정부지원금과 대기업의 스폰을 받을 수 있게 해준다면 이것은 정말 행운처럼 너무 쉽게 내가 바라던 꿈꾸던 구조가 만들어지는 것 같았다.

더욱이 '민교'에는 그 당시 부사장으로 계시던 분이 서울대와 조지타운 대학원을 졸업한 재원이었다. 사업을 시작한지 3년도 되지 않은 내게는 사업적으로나, 배움의 측면에서도 너무나 좋은 기회를 맞았다.

그렇게 일들은 일사천리로 진행이 되어 드디어 한국영화 전용관 개관식을 개최하게 되었다. 호주대사를 비롯해 정부관계자와 많은 유명인들이 함께 참관한 가운데 테이프 절단식을 하게 되었다. '민교' 대표와 함께 나란히 중앙에 서서 오프닝 기념 테이프를 가위로 절단하는데 정말 눈물이 났다.

대학생 신분으로 막연하게 영화관 자리를 마치 진짜로 임대할 것처럼 시늉하며 부동산업자와 영화관 임대 자리를 보고 다녔는데, 몇 년 만에 귀빈들을 초대한 가운데 이제 막 서른이 된 젊은 유학생 출신 사업가가 한국영화 전용관의 대표로서 그 자리에 위치 했다는 것이 나에게는 정말 감격스러운 일이었다.

마법처럼 일어난 일련의 일들을 되뇌며 '무엇이든 포기하지 않고 마음 먹으면 이뤄낼 수 있다'는 자신감이 밀려와 나를 감동으로 이끌었다.

지금도 많은 사람들이 내게 묻는다. 한국을 놔두고 호주에서 그렇게 오랜 세월 살 수 있었던 계기가 있었냐고. 그럴 때마다 난 그 '테이프 커팅'을 떠올리며 호주에선 원하면 무엇이든 할 수 있는 기회의 땅이었기 때문이라고 대답한다.

다양한 시도를 하는 데에 있어서 한국인이라는 배경을 지닌 내게 호주라는 나라는 블루오션이었고 노력을 하면 성취가 따라오는 재미있는 나라였다.

왜냐하면 국제통화기금(IMF) 발표에 따르면 2016년 10월 기준으로 1인당 GDP는 호주가 5만1593불일 때 한국은 2만7633불에 불과하다. 하지만 실질적인 기술이나 발전 속도를 보면 한국이 호주보다 5년에서 10년 정도 앞서 있기 때문이라고 생각한다.

그러다보니 먼저 한국의 트렌드를 통해 호주에 다가올 미래를 본 다음 호주에 그것을 접목시키면 늘 앞서가는 사업을 하는 구조가 맞아 떨어졌기 때문이었다.

많은 사람들이 '헬조선'을 외치며 한국에서의 삶에서 벗어나고 싶어 한다. 하지만 한국을 벗어나서 한국을 바라보면 한국만큼 멋지고 역동적이고 발전된 나라도 그렇게 많지 않다.

충분히 자부심을 가지고 국내에서만 머물지 말고 세계로 뻗어 나간다면 한국이라는 백그라운드가 얼마나 든든한 최고의 스펙이 될지 모를 일이다.

3분 만에 만들어진 커피타임 비즈니스

커피를 마시고 있던 내게 명함을 건네던 거래처 사장 이야기를 듣고 너무 놀랐다. 그 사장이 내민 명함이 300불짜리라는 것이었다.

한국과 호주를 오가던 나는 항상 한국에서 명함을 만들었기 때문에 그 사실을 몰랐었다.

아무리 호주의 제조시장이 전무하고 인쇄기술이 낙후하다 손 치더라도 가격차가 너무 심하다는 생각이 들었다. 현재에 더 크게 성장한 '성원 에드피아'라는 회사는 그때도 있었다.

그 회사에 근무하던 누나가 있어서 전체적인 인쇄 가격과 프로세싱을 알고 있던 내게 500장 명함은 3,800원(한국에서의 당시 가격)이면 인쇄가 가능한 것인데 300불(225,000원)이란 금액은 충격 그 자체였다.

서적음반점을 운영하면서 선박과 항공물류까지 관할하고 있던 시절이었기에 물류비와 인쇄비를 합쳐도 명함 하나 만들고 20만원이 남는 비즈니스 아이템이 눈에 띄게 된 것이었다.

결국 커피를 마시면서 디자이너를 채용하는 광고를 올리면서 또 하나의 창업이 이루어졌다.

처음 창업을 할 때는 고려해야 할 것도 많고 고민도 많다. 하지만 비즈니스가 어느 정도 돌아가는 상황에서는 또 다른 창업은 빠르게 시작할 수 있다. 이미 있는 사무실에서 디자이너 한 명만 고용하면 회사가 만들어지는 것이다.

그렇게 쉽게 생각하고 인쇄·디자인 회사를 만들었다. 명함으로 시작한 회사는 계속해서 확장되고 발전되었다. 명함을 맡기는 회사는 브로슈어를 만들고 카탈로그를 만든다. 전반적인 인쇄 작업을 의뢰하는 사람들이 늘어나기 시작했다.

인쇄 작업 견적 받으려고 업체를 방문하면 명함뿐만 아니라 간판까지도 의뢰하려고 한다. 하나가 시작되면 그 다음의 확장은 저절로 진행된다. 다만 기본이 되는 그 일에 최선을 다해야 한다.

명함으로 만족감을 받게 된 고객은 그 신뢰를 가지고 연계된 다른 서비스도 의뢰하길 원한다. 한번 관계를 갖게 된 고객은 세상에서 가장 중요한 자산이란 사실을 잊지 말아야 한다.

한방차 전문점 프랜차이즈로 100여 개의 체인점을 만든 '오가다' 최승윤 대표도 강연할 때면 그 이야기를 강조한다. 매출을 올리는 최고의 방법을 외부에서 찾는 사람들이 대부분이다. 하지만 실제적 매출을 올리는 그 시작은 내부에서 찾아야 방법이 나온다.

직원을 감동시켜야 진정한 서비스로 연결되고, 기존에 손님으로 관계를 맺기 시작한 고객을 잘 관리하면 매출 성장에 도움이 많이 된다는 이야기를 한다.

사장은 늘 결정을 해야만 하는 직업이다. 명함으로 시작된 인쇄, 디자인 회사도 끊임없이 회사가 처리할 수 있는 상품 그 이상을 요구할 때 그것을 다 받아들일 수는 없다.

예를 들어 고객의 요구가 있다고 해서 준비가 안 되었는데 섣불리 고객유치를 위해 카탈로그 작업을 착수해서는 안 된다. 심지어 간판 제작의 의뢰까지 받을 수는 없다. 어디까지 준비해서 어디까지 본인의 사업으로 받아들여야 할지, 허용해야 할지 결정해야 할 역할이 사장의 몫이다.

나의 경우에는 돌이켜 생각해보면 도전정신이 강했고 새로운 것에 대한 시도를 무모하리만큼 즐기는 스타일이었다. 회사생활을 안 해 본 약점을 다양한 시도를 통해 경험의 장점으로 만들고 싶어서 새롭게 시도하는 일에 더욱 강한 집착을 보였는지도 모르겠다. 준비가 다소 덜 된 상태에서도 빠르게 적용하고 다양한 시도를 했었다.

결국 명함에서 시작된 비즈니스는 전반적인 인쇄, 디자인 영역을 확장시켜 최종 인테리어 디자인까지 하게 되었다. 쇼핑센터에 월남국수 전문점의 인테리어까지 맡아서 일을 해 본 것이다.

지금 생각해보면 젊었으니까, 혹은 뭘 몰랐으니까, 가능한 도전이었다고 생각한다.

모든 것에는 장단점이 있다. 무모하리만큼 무수한 시도를 해왔던 내게도 장단점이 남았다. 긍정적인 것은 새로운 일에 대한 두려움이 없어졌다는 점이다. 하면 된다는 신념이 강해진 것이다. 부정적인 것은 노력에 비해 실속이 없었다는 점이다.

무모하다는 표현은 허점과 실수가 존재한다. 아마추어와 프로페셔널의 차이는 '돈을 주고 하느냐' 혹은 '돈을 받고 하느냐'에 따라 다르다. 사업은 아마추어를 허용하지 않는다. 그 안에 돈의 생리가 적용되기 때문이다.

한국에 와서 고향인 순천에 잠시 있을 때 '카멜레온 영어도서관'의 마케팅을 맡게 되었다. 원서 교육을 통해 영어 학습력을 향상하는 학원이었는데 아이템이 상당히 좋았다.

한 달 안에 설명회를 개최하기로 하고 한 달간 집중해서 마케팅을 하게 되었다. 그런데 서울 경기권과 다르게 시골에서는 여전히 온라인보다는 오프라인이 활성화되어 있었다.

결국 전통 방식의 인쇄 전단지를 배부하는 방법이 유일한 마케팅인 시장이었다. 전단지를 만들기 위해 외부 인쇄업체나 디자인 회사를 활용해서 일괄 견적을 내보니까 터무니없이 가격이 높았다.

예전 기억으로 인쇄업체를 찾아보니 여전히 굉장한 가격경쟁력을 갖고 24시간 영업을 하고 있었다. 디자인만 따로 의뢰해서 그것을 가지고 인쇄업체를 이용하니 엄청난 비용 절감으로 마케팅 자료를 확보할 수 있었다.

'카멜레온 영어도서관' 마케팅 이야기가 나왔으니 그 과정을 잠깐 이야기해 보려고 한다. 좋은 가격으로 전단지와 명함, 그리고 카탈로그를 제작하고 프로모션 상품도 만들었다.

온라인 마케팅이 힘들다고 판단했으니 전통적인 방법과 이벤트적 요소를 접목시켰다. 신문사 배부처를 통해 전단지를 가정집에 배달시키고, 집중 타깃지역 아파트의 현관에 전단지를 붙이는 작업을 진행했다. 포스트잇에 광고를 인쇄해서 주변 초등학교 하교길에 배포를 집중시켰다.

주말에는 그 지역 사람들이 모이는 호수공원에 대형 현수막과 곰인형 탈을 쓴 알바를 활용해서 사람들에게 설명회 문구가 들어있는 풍선을 카탈로그와 함께 배포했다.

주어진 환경 가운데 아이디어를 통해 마케팅에 접목했을 때 설명회에는 80여 명의 잠재 고객들이 참석하는 쾌거를 이루었다.

호주나 한국이나 비즈니스 혹은 마케팅의 원리는 동일하다는 배움을 얻을 수 있었다.

이미 15년 전 가격 차이를 활용해서 호주에서 인쇄·디자인 회사를 만들었듯이 여전히 한국에서도 그런 차이를 활용해서 창업을 할 수 있는 가능성은 존재한다고 생각한다.

사업적 마인드를 가지고 현재 성업 중인 비즈니스를 잘 관찰해보면 그 원리는 다 비슷해 보인다. **정보력의 유무 혹은 정보력의 시차에 따라 여전히 사업 가능성은 존재하는 것이다.**

시드니 한복판 유스호스텔을 접수하다

◟

호주는 1차 산업과 3차 산업이 발달된 나라이다. 한국보다 76배가 되는 거대한 대륙에 인구가 2,200만 명밖에 안되다 보니 인건비가 비싸서 제조업이 주가 되는 2차 산업은 발달하기에 너무 힘든 상황이다.

덕분에 청정지역의 이미지를 유지하며 푸른 초원에 방목되는 소와 양떼들, 그리고 그 아름다움을 보러 세계에서 몰려오는 관광객들을 상대하는 관광산업과 유학산업으로 돈을 버는 나라이다. 물론 풍부한 지하자원을 이용해서 원자재를 판매하는 산업도 큰 비중을 차지한다.

1993년도 김영삼 대통령의 세계화 선언의 발표지가 호주였다는 것은 그리 알려지지 않은 사실이다. 그 덕분에 워킹 홀리데이 비자가 발효되어 18세 이상, 30세 이하의 한국과 호주의 젊은이들이 숫자 제한 없이 상대편 나라에 쉽게 가서 일하고, 관광하고, 교육받는 비자를 활용하고 있다.

워킹 홀리데이(Working Holiday)는 각 국가별로 평생 단 한 번만 받을 수 있는 비자이며, 학생비자나 관광비자와 같이 어학연수와 관광도 할 수 있으면서 합법적으로 취업이 가능한 비자이다.

워킹 홀리데이 비자를 통해 상대방 국가 방문시 통상 12개월 동안 체류가 가능하고, 오스트레일리아 같은 경우 특정 업무에 일정 기간 종사할 경우 추가로 12개월 연장해서 체류할 수 있는 비자를 발급한다. 참가자 제한은 협정을 맺은 국가별로 차이가 있다.

2005년 호주에는 매년 3만 명의 한국 청춘들이 그 비자를 활용해서 호주를 방문하고 있었고, 그 기간 중 농장에서 3개월 근무했다는 증거만 있으면 1년을 더 체류할 수 있는 세컨드 비자가 가능했다.

그 세컨드 비자로 만 오천 명 이상이 추가로 호주에 체류하게 되면서 매해 워킹 홀리데이 비자로 4만 5천여 명의 한국 젊은이들이 호주에 머물고 있었으니 그때 당시 엄청난 호황을 보이고 있었던 것이다.

심지어 시드니 시내 중심부 Pitt Street에 Korea Town Street이란 표지판이 붙어 있고 그 중심부에 있는 4층 건물의 시드니 백팩커스(sydney backpackers) 유스호스텔이 있었다.

원래 호주인이 운영하고 있는 곳이었는데 연속해서 시드니 최고의 유스호스텔 상을 수상한 유명한 곳이었다. 거기에서 일하고 있던 어떤 인재(?)가 있었다. 그 친구를 스카우트하려고 시작된 시도가 결국 '시드니 백패커스'를 인수하는 기회가 되었다.

숙박업을 처음으로 체험하면서 비수기와 성수기가 확실한 업종이라는 사실을 알게 되었다. 성수기엔 방이 부족하고, 비수기엔 방이 남아도는 구조이다.

숙박업에서 매출을 상승시키는 것은 아주 간단해 보였다. 비수기를 성수기로 전환시키면 되는 거다. 간단한 그 방법을 사용하기 위해선 마음을 비우는 연습이 필요하다. 어차피 방을 비워두어도 다른 고정비는 그대로 지출되기 때문에 어떻게든 방을 채우는 방안이 필요했다.

한 번은 호주에서 랭귀지 스쿨 & 비즈니스 컬리지를 인수하려고 시도했던 적이 있었다. 그 학교를 인수하면 한국에선 타이틀이 '학장'이었다. 일종의 사립 컬리지를 운영하는 것이기 때문이었다.

학교 운영의 특성도 유스호스텔 운영과 비슷했다. 학교시설과 교사들의 고정비는 똑같은데 학생들이 적으면 매출이 줄고 학생들이 많으면 매출이 대폭 상승하는 구조였다. 그런데 규모가 큰 학교가 되다 보니 현금 유동성이 아주 컸다.

학생 숫자가 줄어들면 적자 규모가 엄청났다. 자금에 대한 여유가 부족했었기에 위험도가 높다고 판단되어 포기를 했지만 학교 운영에 대한 미련은 많았다.

인수를 포기했던 그 학교는 호주 사업가에게 돌아갔다.

나는 그들이 어떻게 그 학교를 효과적으로 운영할 것인가 궁금해서 그 학교에 근무하고 있던 지인을 통해 그들의 세부적인 운영방안에 대해 지속적으로 들었다.

그 스토리는 내가 비즈니스를 해 나가는데 있어서 많은 영향력을 끼쳤다.

그들은 4명 있던 마케팅 직원을 18명으로 확충했다. 18개국의 마케터를 고용하고 내놓은 대안은 10주를 등록하는 고객들에게 10주를 보너스로 제공하는 것이었다. 마찬가지로 5주를 등록하면 5주를 보너스로 제공했다.

어찌 보면 학비를 50% 감면해주는 것 같지만 단순하게 학비를 싸게 받아서 학교 측의 수익을 줄이는 것과는 달리 동일한 고정비용으로 이용시간을 더 제공하는 정책이었다.

그때까지 기존의 가장 적극적인 상품은 10주 등록에 3주 보너스 정도였다. 많은 사람들이 비웃었고, 나 또한 반신반의하는 마음으로 그들의 운영을 지켜보았다.

그 상품 같은 경우 너무 조건이 좋아서 못 팔기가 힘든 상품인 데다가, 18개국의 마케터가 판매를 시작하자 학교는 갑자기 학생들로 북새통을 이루는 포화상태가 되었다.

교육업의 특징 중 하나는 선불이다. 교육비가 모두 선불로 들어오자 학교는 현금 보유량이 최고가 되었고 넘치는 학생들로 인해 그 학교 인수 6개월 만에 2개의 학교를 추가로 인수하는 성과를 이루었다.

결국 1년 만에 5개의 학교를 보유한 최고의 교육그룹으로 성장했고 근접할 수 없는 수준의 영업이익을 만들어 냈다.

한번 유명세를 탄 학교는 6개월 만에 10주에 10주 보너스 상품을 철

회했지만 그 인기는 계속되었다. 물론 그 6개월 후에 열기가 줄어들었을 때 다시 적절하게 10주에 10주 보너스 상품을 다시 론칭하면서 지속적으로 성장해갔다.

요즘 들어 '공짜 마케팅'의 이론이 많이 나온다. 많은 회사들이 '공짜'를 활용해서 마케팅을 한다. 하지만 소비자는 사업자들이 내놓은 '공짜'를 분명 '공짜'가 아니라고 생각하며 상품을 바라본다.

소비자의 그 생각을 뛰어넘는 제대로 된 '공짜'를 상품으로 내놓았을 때 그 감동이 그 상품에 대한 매입으로 이어진다. 또 한 상식적인 방법으론 상식적인 이윤을 낳지만, 자극에 익숙한 지금의 시대에는 파격적인 마케팅을 요구한다.

야무진 글로벌 트레이더에 도전하다

〜

    사업을 시작한 지 얼마 안 되었을 때는 의욕이 넘쳐흐른다. 기가 넘칠 때는 무엇이든 쉬워 보이기도 하다. 사업을 하는 데 있어서 그런 기세와 열정과 의욕이 필요한 요소이긴 하지만 이성과 경험이 말해주는 조언을 잘 수용하는 것도 꼭 필요하다.

    사업을 시작하고 한국에 출장을 갔더니 호주에서 왔다는 이유로 여러 업체에서 상품에 대한 독점권을 주겠다며 호주에서의 판로를 알아봐 달라는 요청이 많았다.

    좋은 상품에 대한 '호주 독점권'은 상당히 매력적이었다. 너무도 감사하게 생각하면서 젊은 혈기로 열심히 시장조사를 하고 호주 판매라인을 알아보았다.

    담당자를 만나기도 힘든데 미팅을 잡기 위해 열심히 전화도 하고, 이메일도 보내고, 소개도 받고 다양한 노력을 해서 겨우 미팅을 만든다. 미팅준비로 자료도 정리하고 샘플도 마련하여 열심히 미팅에 임한다. 만약 미팅 결과가 괜찮으면 다음 기회가 주어지고 심도 깊은 미팅으로 이어진다.

이런 와중에 샘플 물건을 보고 호주 독점권을 가지고 있는 나를 제치고 한국 쪽에 직접 연락을 취하는 얌체족들도 많이 만나게 된다. 이런 일련의 과정들이 시간과 돈과 노력을 요구하는 과정이고 그것이 **'기회비용=돈'**이라는 사실은 한참 뒤에야 깨달았다.

특정 상품을 새로운 나라에 론칭하는 자체는 정말 쉽지 않은 일이다. 그래서 신중한 접근이 필요하다는 사실도 깨달았다.

그래서 요즘엔 마케팅 비용, 혹은 론칭 비용이 나오지 않는 새 상품을 호주에 독점권 혹은 총판권을 준다고 해도 눈 하나 깜짝하지 않고 거절한다. 경험에서 우러나오는 깨달음이다.

모든 것의 전제는 '돈'이다. 비용을 감수하면서도 진행할 만한 상품이라는 확신이 있다면 그 돈을 직접 투자하면서도 할 수 있는 것이 또한 비즈니스다.

우리가 호주의 대형 슈퍼마켓 체인점에 물건을 공급하고 싶다면 어떻게 해야 할까? 처음 비즈니스를 할 때는 막연하게 이마트 매니저를 찾았다. 그리고 상품을 공급하고 싶다고 이야기했다. 그러면 매니저는 구매담당 매니저에게 전달하겠다고 하면서 샘플과 자료를 놓고 가라고 한다. 희망에 부풀어 기다리고 있노라면 절대로 연락이 안 오는 비극을 경험한다.

보통은 샘플과 자료만 없어질 뿐 결과가 나오지 않았다. 그 이유가 뭘까?

실제적으로 대형마트나 유통사에서는 수많은 공급자들로부터 직접적으로 물건 공급을 받지 않고 '밴더사'를 활용한다.

'밴더사'는 충분한 자본력과 기술력으로 안정적으로 물건을 공급할 수 있는 능력을 인정받은 회사를 의미한다. 아무리 좋은 상품이라 할지라도 그 물건을 공급받았다가 지속적으로 진행이 될 수 있을지 확신이 없다면 그 물건을 구매하여 판매하기엔 리스크가 많기 때문이다. 따라서 다양한 밴더 회사와의 연계, 혹은 연락이 가능하다면 그 자체가 파워가 된다.

요즘 호주 건강식품 공장으로부터 의뢰를 받아 건강식품과 호주 화장품을 한국으로 수입해서 유통하는 무역을 진행하고 있다.

진행하는 데 있어서 방향성은 2가지가 있다. 수입 자체를 감당할 수입업체를 찾는 방법과 직접 수입을 해서 도매업체에 상품을 유통시키는 방법이다.

요즘은 오픈 채팅방을 통해 수입, 유통업체 사장들의 정보공유가 이루어지고 있다. 그런 채팅방에서 소개를 통해 연락이 왔다.

"저희 회사는 주로 일본에서 제품을 소싱하여 국내 12,000개의 GS 리테일(GS 25, Watsons, GS Super)에 유통하는 1차 밴더이며, 미국 ABC store, 일본 마쯔모토 키요시 드러그 스토어, 로손 편의점, 중국 면세점 및 온라인 마켓(쭈메이, 진둥 등), 러시아의 메이저 바이어사의 Key파트너사입니다.”

이 업체와 호주 건강식품 입점과 관련된 미팅들이 이어진다.

호주에서 좋은 상품을 론칭하는 최고의 방법은 박람회를 이용하는 것이다. 그냥 의욕만으로 전화번호부 책을 통해 관련 업체를 조사해서 전화를 하고 방문하는 구태의연한 방법으로 시도를 하기에는 나라가 너무 크고 해당 담당자를 만나기조차 너무 힘든 시장 환경이다.

초기에는 그런 방법으로 수십 번의 실패 끝에 호주 구매 담당자들로부터 좋은 조언을 듣게 되었다. 직접 컨택을 통해 구매하는 경우는 거의 드물고 보통 박람회 참석을 통해 구매가 이루어진다는 것이다.

그 이후 박람회를 이용해서 상품을 소개하는 방식을 활용하니까 시장 진입 가능성을 판단하기에 시간과 돈을 아낄 수 있었다.

열심히 하는 것도 중요하지만 정확한 방향을 가지고 진행하는 게 효율적인 경우가 많다.

처음엔 한국에서 호주로 수입하는 일에 집중했다. 수입을 하다 보니 수출에 관심을 갖게 되었고 한국과 호주 사이에서 무역이 이루어졌다.

점차 수출, 수입이 지속되다 보니 중국이란 더 큰 시장을 알게 되었고 한편으론 호주가 주축이 아닌 한국이 베이스가 되어 수출하는 일이 확장되어갔다.

이제 우리는 중국, 일본을 비롯한 동남아시아에서부터 중동에 이르기까지 한국 제품의 접근성이 아주 좋아진 시대에 살고 있다.

이젠 특정 브랜드가 수출되는 시기가 아니라 'made in Korea'가 브랜드가 되는 시대다.

사실 개인이나 한 기업이 단독으로 새로운 나라에 시장을 개척하고 진행하는 일은 시간적으로나 비용적으로나 많은 제한이 있다. 한국에는 KOTRA(Korea Trade-Investment Promotion Agency : 대한 무역투자진흥공사)라고 무역진흥과 국내외 기업 간의 투자 및 산업과 기술 협력의 지원을 통해 국민 경제발전에 이바지할 목적으로 설립된 정부 투자기관(출처: 네이버 사전)이 있다.

이 기관을 통하면 적은 비용으로 다른 나라에 대한 시장조사도 가능하고, 수출을 목적으로 참관하는 박람회에 비용을 보조받는 제도부터 현지에서의 통역까지, 수출입 관련 도움을 많이 받을 수 있다.

한국이 다른 나라와 외교 관계를 맺으면 바로 KOTRA가 세팅되면서 시장 상황을 파악하고 한국의 기업들에게 자료와 정보를 제공한다.

국가를 위해 자국민의 수출이 활성화 될 수 있도록 도와주기 위하여 정부에서 만든 기관이므로 눈여겨보고 적극적으로 활용하는 것도 좋은 방법이다. 특히 무역 관련 강의도 많이 있어 현지 국가 지역 정보를 쉽게 알고 무역인으로 양성하는 시스템을 이용하면 좋다.

이렇게 정부기관을 활용하는 것도 중요하지만, 관련 업종의 다양한 사람들과 관계를 맺는 것도 중요하다.

강조하고 싶은 것은 본인이 진행하기에는 부족한 점 때문에 무조건 포기하는 우를 범하지 말라는 것이다.

수출 경험이 없으면 수출 경험자를 찾고, 배우고, 따라 하면 되는 것이다. 돈이 없어서 엄두가 안 나면 코트라나 중소기업 벤처부를 찾아서 수출에 대한 상담을 받아보는 것도 하나의 방법이다.

또한 관련 강연이나 모임에 적극 참여하게 되면 좋은 경력자들을 스승으로, 거래처로 모실 수 있는 방법이 생겨난다.

아무것도 하지 않으면 아무것도 바뀌지 않는다. 오늘 지금 이 순간의 모습은 과거 당신이 했던 활동의 결과임을 잊지 말아야 한다.

실패했던 아이템의 부활,
호텔 인턴쉽으로 재기의 발판을 만들다

✔

'그래도 호주에서 대학까지 나왔는데 서점주인 하다가 끝나는 게 맞을까?'

어느 날 그런 의문이 들었다. 처음 론칭했던 호주 종로서적이 생각보다 성공적으로 매출을 올리면서 여러 지점을 오픈할 수 있었다. 그러면서 너무도 안정적인 서점 주인이 되어가고 있는 나를 발견했다.

여러 지점에서 일하는 좋은 직원들 덕분에 출근을 하지 않아도, 외국에 출장을 가도, 새로운 비즈니스를 펼쳐도, 황금알을 낳는 거위를 소유한 듯 편안하게 자금이 돌아가고 있었다.

물론 내가 하는 모든 비즈니스가 성공을 하는 것은 아니었다. 하지만 주변에서 보기엔 늘 성공하는 것처럼 보였다. 왜냐면 소위 캐시카우(수익창출원, 즉 확실히 돈벌이가 되는 상품이나 사업을 의미한다)의 역할을 호주 종로서적 본점에서 만들어지니 다른 파트에서 손실을 조금 본다고 해도 크게 영향 받지 않고 지속적인 사업 활동을 영위할 수 있었기 때문이다.

여러 비즈니스를 동시에 진행한다는 사람이 있다고 해도 자세히 살펴보면 분명 캐시카우가 되는 메인 비즈니스를 진행하면서 그 외의 비즈니스를 병행하고 있다고 보는 것이 현실적인 관점이 될 것이다.

그런 '캐시카우'의 논리를 망각하고 안정적인 서점 주인으로 사는 게 싫다고 덜컥 호주 종로서적의 본점까지 모두 매각해 버렸다. 투자 대비 훨씬 큰 목돈을 손에 쥐게 되어 기뻤지만 너무 멋진 집을 발견한 나머지 집을 사는데 돈을 몽땅 투자해버렸다.

초현대식 수영장에 넓은 잔디밭이 펼쳐진 2층집이었다. 카페처럼 리모컨을 누르면 베란다 천정이 오픈카 열리듯 자동으로 펼쳐지는 너무 아름다운 집을 사고, 한국에서 살았다면 내 입장에서는 절대 가질 수 없었을 것만 같은 드림카 벤츠도 구입했다.

30대 초반에 이뤄놓은 성과에 취해 '황금알을 낳는 거위'를 팔아 버린 것이다. 휴가를 즐기는 것도 잠깐이고 현실로 돌아와 다시 비즈니스를 하려고 보니 정작 중요한 자본금이 너무 없었다.

돈 없이 쉽게 시작할 수 있는 비즈니스 아이템이 무엇일까 주목하기 시작했다.

서점을 운영할 때에는 동시에 여러 비즈니스를 쉽게 시작했었는데 막상 혼자서 새로운 비즈니스를 시작하려고 하니까 어려운 문제가 한

두 가지가 아니었다.

　여기서 철저히 깨달았던 것은 늘 돌아가는 비즈니스를 유지하면서 변화를 시도하는 것이 중요하다는 것이다.

　직장인의 경우에도 적용될 수 있는 포인트다. 직장을 그만두고 창업을 시도하는 것보다 직장을 유지하면서 창업을 준비하는 것이 중요하다. 각자의 위치에서 분명 어려움은 많을 것이다. 힘들겠지만 그래도 직장을 유지하면서 창업을 준비하면 최소한의 여유는 유지하면서 창업을 할 수 있을 것이다.

　당장 수입이 다 멈춘 상태에서 시간이 길어지면 여유가 사라지고 그런 상황에선 냉정한 판단을 하기 어렵다.

　그전에 시도했던 비즈니스 중에 실패했던 아이템이 하나 있었다. 산업인력공단에 제출했던 제안서 중에 한국 젊은이들에게 국가지원금을 지급해서 해외에서 인턴으로 근무하게 해보자는 제안이었다.

　일명 '프로페셔널 인턴쉽'이라고 전문 회사에서 무급 인턴사원으로 일하면서 영어도 익히고 전문 직종에서 인턴쉽을 통해 경력을 쌓게 하는 제도였다.

　6개월간의 노력으로 제안서가 채택되어 산업인력공단에서 계약을 하기로 하고 담당자들이 호주를 방문했다. 우연찮게도 방문단의 가장 높은 이사님이 큰누나와 같은 교회 구역장이었다. 그런 최고담당자와 사적인 관계까지 생기고 나니 이번 프로젝트는 분명한 성과가 있을 거라고 확신했었다.

그런데 청천벽력같은 소식이 내 앞을 가로막고 있었다. 호주방문 후에 한국에서 계약서를 송부할 거라고 했던 담당자는 귀국 후 600명 규모로 진행되는 사업에서 오직 100명만 우리 회사에서 진행을 하고 나머지 500명은 호주업체와 계약이 체결되어야 한다고 통보를 해왔다. 너무 갑작스럽고도 일방적인 통보였기에 결과에 대한 이유를 확인했는데 그 이유가 더더욱 황당했다.

호주업체가 선정되어야 하는데 나는 '호주 국적자'지만 교포여서 안 된다는 것이었다. 해결해 주실 수 있을 것 같았던 이사님도 이사장 임명을 못 받고 조직을 떠나야 하는 상황과 겹치면서 결국 눈물을 머금고 나도 사업을 포기했다.

그 후 600명의 젊은이들이 호주에서 프로페셔널 인턴쉽을 경험했지만 그들의 불만은 컸다. 600만 원의 국가지원금까지 받았음에도 불구하고 제대로 된 인턴의 경험이 아니었기 때문이기도 하고 무급이라는 문제 때문이기도 했다.

그때의 일을 꼼꼼히 점검하여 방법을 찾았다. 바로 무급이 아닌 유급으로 경험도 하고 돈도 벌 수 있는 구조를 만든 것이다.

그렇게 해서 호주에 호텔 인턴쉽이라는 개념을 처음 도입하여 론칭하게 되었다.

순수한 아이디어만으로 자본금 없이 시작할 수 있는 비즈니스로 홈오피스에서 시작하게 된 것이다.

드디어 최초의 아르바이트생을 보내게 되었다.

나조차도 한 번도 가보지 않았던 호주 케언즈 근처의 던크 아일랜드 리조트였다.

처음이었기에 앞으로의 사업을 잘 이어갈 수 있을지 없을지 걱정되는 마음에 조마조마했는데 의외로 리조트에서 만족도가 아주 높았다. 사실 전 세계 어디를 가도 한국인의 우수성은 늘 각광을 받는다.

결국 처음 두 명으로 시작된 아르바이트생의 파견 이후 3년 동안 1,800여 명의 젊은이들이 호주 전역의 호텔과 리조트에서 다양한 포지션으로 호텔 인턴쉽을 경험할 수 있게 되었다.

또한 한국인으로 시작한 이 사업모델은 일본을 비롯해 7개국의 청춘들을 취업시키는 쾌거를 이루면서 내가 이룬 비즈니스에 자부심을 느끼게 했다.

뭔가 비즈니스가 된다고 소문이 나자 오마이뉴스의 특파원이 인터뷰를 신청했다. 드디어 매스컴을 타나보다 생각했는데 직접 만나보니 황당한 이야기를 듣게 되었다.

호텔에서 일하게 해준다고 모집한 청춘들이 돈만 쓰고 고생만 한다고 호주 호텔 인턴쉽 상품이 '사기'라는 투고가 들어왔다는 것이다. 그 특파원을 만나 호텔, 리조트에서 일하고 있는 친구들의 전화번호를 다 주고 직접 연락을 해보라고 했다.

고발기사를 쓰려고 왔던 담당자는 갑자기 태도를 바꾸어 월간 신동아에 6페이지 특별기고를 통해 호주 호텔 인턴쉽 성공사례를 다뤄주고 내 사진까지 올려주는 행운을 가져다주었다.

매스컴의 파워가 좋긴 했는지 그 이후 여러 매체에서 연락이 왔고 심지어 현대홈쇼핑의 무형상품 MD까지도 회사에 방문하는 일이 생겼다.

그 결과 호텔 인턴쉽 상품을 홈쇼핑에서 380만 원에 판매하는 생각지도 못한 일도 생겼고 강남에 한국지사를 만들게 된 계기가 되었다.

그 이후 호텔 인턴쉽을 진행하기 위해 호텔 매니저 출신을 고용해서 회사 내 호텔교육 담당으로 배치했다.

계약이 체결된 힐튼, 인터콘티넨탈, 크라운 등 대형 호텔 체인에서 직원 훈련용 매뉴얼을 회사에 보내주면 그 매뉴얼대로 훈련된 인턴들은 호텔·리조트에 취업되어 훌륭한 호텔리어로 성장했다.

그때 당시만 해도 호주의 워킹 홀리데이 비자 성격상 한 회사에 최대 3개월만 취업이 가능했기 때문에 한 명에게 각각 다른 회사로 3번 취업을 해줘서 9개월을 일하게 해주는 상품을 진행했었다.

세계적인 호텔에서 먹고 자고 일하게 된 호텔 인턴쉽 수혜자들은 즐기면서 영어 실력도 늘리고 보통 2천만 원 이상 외화를 벌어서 한국에 돌아갔다.

만약 산업인력공단과 일을 계속했다면 문제 있는 상품을 가지고 욕먹는 회사가 되었을지도 모르지만 그런 경험을 바탕으로 새롭게 개발된 호텔 인턴쉽을 통해 홈쇼핑에 상품을 팔게 되는 행운도 얻었고 한국에까지 지사를 오픈할 만큼 사업의 확장성도 이루었다.

우리 회사의 호텔 인턴쉽 상품으로 호주에 왔던 한 친구가 기억난다. 영어 실력이 부족해서 호텔에 취업이 불가능했던 21살 남자, 준호였다.

남들은 모두가 호주 전역에 호텔로 취업이 되어 다 나가는 동안 그 친구는 어떤 호텔에서도 받아주지를 않았다.

결국 양로원의 식당에 취업을 시켜주었다. 좌절하던 그에게 나는 양로원에서의 시간이 영어 공부를 하기 위해 얼마나 좋은 기회가 될 수 있는지에 대해 설명해 주었다.

그런 상황에서 어떤 사람은 포기를 하고 실의에 빠지기도 하지만 그 친구는 내 조언을 받아들여 더 독한 마음을 먹고 영어공부를 하게 되었다.

외로운 어르신들이 많은 양로원은 준호에게 있어서 영어로 대화 연습을 하기에 너무 좋은 환경이었다.

결국 3개월 간의 양로원 job을 마친 그는 익숙해진 영어 실력으로 당당히 5성급 호텔로 취업할 수 있었고, 호텔에서 3개월 일했던 경험으로 그 친구는 다시 시드니 달링하버에서 가장 유명한 레스토랑&바에 들어갔다.

그런 멋진 회사에 취업한 것만 해도 자랑거리가 될 수 있는 상황이었는데 그 친구는 자신의 꿈을 제한하지 않았다. 바텐더가 되어보겠다는 일념으로 틈나는 대로 바텐더의 기술들을 묻고 따라하고 연습하던 어느 날 기회를 잡게 되었다.

그 카페의 전문 바텐더가 갑자기 교통사고를 당해 대체할 바텐더를 급하게 찾고 있을 때 그 친구가 실전에서 바텐더의 역할을 할 수 있는 기회를 갖게 된 것이다. 마지막까지 그는 시드니 최고의 관광지 달링하버의 유명 카페에서 바텐더를 하다가 한국으로 돌아가게 되었다.

귀국 전날 나를 찾아와서 인생을 바꿔주셔서 감사하다고 고백하는 준호를 보면서 보람을 많이 느꼈던 생각이 지금도 난다.

조금만 방향을 잡아주고 할 수 있도록 도와줬을 때 그런 멘토링을 통해 인생이 변할 수 있다는 경험을 호텔 인턴쉽 비즈니스를 통해서 많이 느꼈다.

늘 호기심 가득한 눈을 갖고 회사로 들어오던 수많은 호텔 인턴쉽 예비후보자들에게 많은 경험들을 이야기해주고 그들이 1년 동안 어떻게 생활해야 더 많은 기회들을 가질 수 있을지 최선을 다해서 상담을 했다.

그래서 지금도 난, 내가 경험했던 것들을 나누고, 도움이 필요한 창업회망자들에게 방향을 잡아주고, 도와주는 창업 멘토링 사업이 좋다. 내 능력만으로 안 되기에 전문 분야의 같은 뜻을 품은 동업자들과 함께 멘토링그룹을 만들고 그들과 함께 역할을 할 수 있어 참 기쁘다.

이런 컨설팅을 경험했었던 것은 다름 아닌 '네오 컨설팅'의 경험이었다.

원스탑 비즈니스 '네오 컨설팅'을 시작하다

＊

　호텔 인턴쉽을 통해 호텔과 리조트에 수천 명을 취업시키다 보니 호텔로부터 다양한 요구들이 들어오기 시작했다. 단순히 3개월만 함께하는 직원이 아니라 제대로 된 정직원으로 고용을 하고 싶다는 요구사항이었다.

　그 요구사항을 진행하려니 문제가 발생했다.

　호주라는 타국이다 보니 비자가 문제였다. 일반적인 워킹 홀리데이 비자로는 그때 당시엔 동일 업체에서 3개월의 한계를 두고 있었기에 결국 최대 4년까지 일할 수 있는 457비자(Skilled Temporary Business)를 발급받아야 했다. 457비자는 보통 2년이 지나면 영주권 비자로 신청 가능한 카테고리여서 회사나 지원자 양쪽 다 관심을 갖는 비자였다.

　그런 상황이 되자 비자 전환 요청을 처리하기 위해 준비하는 과정에서 법무사를 채용하고 호텔과의 계약 건이 많아지면서 변호사를 갖춘 회사가 되었다.

담당해야 할 구성원 숫자가 늘어나면서 회계사가 갖추어졌고 우연 찮게 뽑은 직원이 부동산 라이선스를 갖춘 전문가였다.

전체적인 회사 구성원들을 분석해보니 법무, 회계, 이민, 부동산, 비즈니스 취업 등을 완벽하게 처리해 낼 수 있는 인재풀이 구성되어 있었다.

이때 시작된 비즈니스가 '네오 컨설팅'이었다.

'대한전선'과 같은 한국 기업들이 호주에 진출할 때 처음엔 네오컨설팅에 비자 문제로 상담이 들어왔다. 그런데 전체적인 서비스를 제공할 수 있는 네오 컨설팅의 원스탑 서비스를 보고 '대한전선 호주지사'의 설립부터 사무실 오픈, 심지어 임시직원들의 고용에 이르기까지 서비스를 의뢰했다.

그 결과 '대한전선'은 지사 오픈 3개월 만에 1,500만 불 이상의 계약을 체결하고 최단기간 성공적인 지사화 작업에 성공했다.

그들은 현지 회사에서 처리할 수 있는 부분들은 우리 같은 회사에 아웃소싱으로 넘기고 잘할 수 있는 전공분야에 전념했던 결과였다.

그 성공사례로 인해 네오 컨설팅은 많은 기업들의 호주 지사화 협력 회사로 자리매김을 할 수 있었고, 다른 중소기업들의 비즈니스 컨설팅을 담당하는 회사로서 자리 잡았다.

또 한가지 네오 컨설팅에서 주목했던 파트는 사업 아이템에 대한 기획과 개발 분야였다. 다양한 비즈니스를 운영했던 경험이 바탕이 되었고 끊임없이 아이템 개발 노트를 활용했던 나에게 소상공인들의 비즈니스나 창업자들에게 있어서 필요한 사업 아이템을 기획, 개발하는 일들은 어려운 일이 아니었다.

불편함을 해결해 준다거나, 있는 컨셉을 다른 측면을 부각 시켜 적용시키는 일, 그리고 온전히 다른 성격의 아이템을 차용해서 발전시키는 일들이 상담을 통해 계속해서 이어졌다.

요즘 한국 TV에서는 '백종원의 골목식당'이 인기를 누리고 있다. 비즈니스 코칭이라는 거창한 타이틀이 아니라 할지라도 골목상권에서 치열하게 전투를 벌이는 장사하는 식당주인에게 대안을 제시하는 프로그램이다.

여기에서 백종원씨는 식당 주인에게 완전히 새로운 대안을 제시하지 않는다. 하고 있는 일 가운데 더욱더 기본기에 충실한 바탕 아래 복잡하지 않으면서 지속적으로 할 수 있는 대안을 제시한다.

한마디로 장사를 사업으로 바꾸는 시도를 한다. 물론 깊이와 전문성은 다르지만 나름 백종원씨의 역할을 식당이 아닌 다른 다양한 분야에서 네오 컨설팅이 그 일을 감당했었다.

20대에 처음 창업을 하게 되었을 때 비즈니스 아이템을 하루에 10개씩 선정해보는 습관은 내게 많은 것을 변화시켰다. 늘 끊임없이 비즈니스의 관점으로 세상을 바라보게 되었고 어느 한 비즈니스에 국한되지 않고 다양한 비즈니스를 동시에 펼치는 멀티플레이어로서의 삶을 추구하게 되었다.

물론 사람마다 각기 다른 성격과 강점, 그리고 관심이 있으니까 모두에게 적용될 수 있는 것은 아니라고 본다.

최근에 이데에 컨설팅 회사에서 강점테스트를 받게 되었다.

34개의 강점을 발췌해내는 컨설팅이었는데 우리 회사의 가장 대표적인 다섯 가지의 강점을 알게 되었다.

'전략, 행동, 미래지향, 적용, 절친'의 테마였다.

내가 주장하는 내용 중의 하나도 **'단점을 고치려 말고 장점을 극대화하라'**는 것으로 매우 중요하다고 말해왔다.

이런 혼자만의 이론에 실제적인 팩트를 제공하는 컨설팅을 받고 나니 각자가 지닌 강점을 더더욱 소중히 여기며 개발하는 것이 중요하다는 생각이 든다.

남들보다 짧은 기간에 많은 비즈니스를 경험해 보면서 내 사무실에는 방문자들이 끊이지 않았다.

새롭게 시작하려는 비즈니스에서부터 현재 운영하고 있는 사업에 이르기까지 다양한 소재를 가지고 조언을 듣기 원했다.

워낙 새로운 아이템을 좋아했던 나는 그들에게 최선을 다해서 내 경험과 의견을 제시했다. 돈을 버는 것도 중요하지만 그보다 더 좋았던 것은 내 의견을 받아들여서 본인의 비즈니스에 접목시켜서 결실을 만들어 내는 과정을 지켜보고 그것을 통해서 배우는 것도 많고 내 생각이 맞는지 틀리는지 체험해 보는 경험은 늘 나를 발전시켰던 것 같다.

한때는 호주의 타스마니야 섬에 New Nofork이란 지역을 완전히 새롭게 조성하는 프로젝트에도 참여했던 적이 있다.

예전에 그 지역에 가장 큰 병원단지가 있었던 지역이었는데 그 병원을 중심으로 새롭게 컨셉을 잡고 건물을 리뉴얼해서 새로운 활성화 도시를 만드는 일이었다.

타스마니야에선 알아주는 자본력을 가진 그룹사와 함께 일들이 진행되었지만, 아쉽게도 생각지도 않은 그 회사의 자금난으로 일들을 마무리하지 못하고 실패했다.

누구나 '자본력이 있다면', 어떤 '재능이 있다면', 등의 '만약(if)'에 주목할 때가 많다. 그러나 '만약'이 현실화되지 못하면 꿈을 포기해야 한다.

어쨌든 좋은 경험이었다. 이런 일들을 겪으면서 나는 또 한 번 깨달았다.

'만약'도 중요하지만, 가능성과 실천력의 사이에서 온전한 판단과 주변과의 관계성, 그리고 바른 판단을 할 수 있도록 도와주는 멘토가 있느냐가 더욱 더 중요하다고 생각한다.

수많은 성공사례의 사람들을 보더라도 불가능해 보이는 것들을 가능케 했을 때 우리는 그것을 '성공'이라 부르기 때문이다.

내 생애 최고의 원탁 테이블 163비자

사업을 하는 데 있어서 마이크로와 매크로 시야, 두 가지가 존재한다.

디자인 회사를 한다고 하면 보통의 관점으론 디자인을 배우고, 회사에 들어가서 디자인 경력을 쌓고, 그때 배우고 경험한 모든 것을 바탕으로 디자인 회사를 직접 만들어서 운영하는 방법이 내가 생각하는 마이크로적 시야이다.

이 경우, 디자인 회사를 운영함에 있어서 발생하는 다양한 문제와 사건들을 예측하고 세세한 부분까지 사장이 직접 챙겨가며 진행하는 운영방식이다.

반면에 디자인 회사를 함에 있어서도 디자인을 전혀 모르고 회사를 만드는 경우가 있다. 세세한 내용들을 모르기 때문에 직원들에게 의존할 수밖에 없지만, 디자이너 출신과는 다른 시야에서 디자인 회사를 운영하는 또 다른 방향성을 갖는 운영방식을 의미하며 매크로적 시야라고 할 수 있다.

안정적인 측면을 고려한다면 마이크로 시야가 절대적인 방법일 수 있다. 하지만 사업을 크게 성장시키는 측면에서는 전통적 방법을 뛰어넘는 또 다른 시각을 활용하는 매크로적 사고가 더 큰 성공을 만들 수도 있다.

이민업무가 계속되는 회사를 운영함에 있어서 '이민 에이전트' 자격증을 따는 것이 맞는 것일까 고민이 많았다.

보통 사람들은 자격증 취득에 대한 정보가 부족해서 시도 조차 못하는 사람들이 많았지만, 나의 경우에는 충분히 쉽게 딸 수 있는 방법도 알고 있었고 자격도 갖추고 있었기 때문에 갈등이 많았다.

하지만 나는 자격증을 취득하지 않는 것으로 결론을 내렸다. 왜냐하면 내부적인 서류까지 구체적으로 다루다 보면 전체적인 시야를 놓칠 수 있다는 그 점이 두려웠다.

하룻강아지가 호랑이에게 덤빌 수 있는 것은 호랑이를 모르기 때문이다. 모든 것을 부정적으로 볼 게 아니라 호랑이를 모르기에 덤빌 수 있는 용기를 효과적으로 활용하는 것도 중요한 요소로 본다.

이민업무를 하는 와중에 호주 이민성 웹사이트를 보다가 163비자를 알게 되었다. 회사의 연매출이 2억 4천만 원 이상인 개인사업자나, 연매출 8억 이상인 회사의 과장급 이상의 직장인 가운데 재산증명을 2억 4천 이상 할 수 있는 사람이 신청하면 발급받을 수 있는 비자가

163비자이다.

특히 그 비자를 발급받는다면 신청자는 호주로 가지 않고 국내 거주를 하고 있어도 신청자의 2세들은 호주 공립학교에서 4년간 무료교육이 가능했다. 이런 조건의 163비자는 한국에서 해당되는 숫자가 최소 5백만 명 이상으로 예상이 되었다. 정말 잠재 가능성이 엄청난 비자였다.

호주 이민성의 자료들을 보면서 나는 흥분해서 잠을 못 잤다. 회사 내 변호사와 법무사들과 정확한 법률적 문제들을 파악한 나는 한국으로 바로 비행기를 타고 출발했다.

이 좋은 비자를 활용하는 한국계 법무회사가 없다는 게 믿기지 않았지만, 기존의 이민업무에 파묻혀 새로운 이민성의 제안을 제대로 바라볼 수 없는 수많은 한국 이민회사들의 시야에 대해 안도를 했다.

호주는 늘 경제 상황에 따라 이민 쿼터를 늘렸다 줄였다 하면서 인구증가와 경제적 이익을 확장하는 방향으로 이민정책을 실행한다. 따라서 어떤 비자는 없어지기도 하고 새로운 조건이 달린 비자가 나오기도 한다.

한국에 가자마자 먼저 인맥을 통해 주간 매경과 비즈니스 중앙의 편집장을 만나서 왜 언론에서 이 비자 소식을 다뤄줘야 하는지에 대해 설명했다.

이런 비자가 나왔었을 때 인도 정부에서는 국가차원에서 호주의 비자를 적극 활용했다. 전략적으로 IT인력을 비자를 받을 수 있도록 정부가 나서서 일처리를 하게 되면서, 인도 IT인력이 대거 호주로 진출했다. 얼마 지나지 않아 호주 국가 전체의 IT업계에 인도 출신의 기술자가 주도 세력으로 떠올랐다.

세월이 지나 인건비가 올라서 IT서비스 센터와 서버를 외국으로 옮기게 되었을 때 호주는 그 대상지를 인도로 선택했다.

이런 실제 사례를 들어 논리적으로 글로벌 시대에 맞는 해외유학이므로 국가 차원의 국민 캠페인이 시작되어야 한다고 주장했다.

인터뷰가 진행되고 기사가 나오게 되었을 때 헤드라인을 고민하다가 최종안이 나왔다.

〈 호주 조기유학, 4년간 무료로 보내세요. 〉

언론을 통해 여론몰이 시도를 했더니 반응이 나타나기 시작했다.

중앙일보 조인스닷컴에서 연락이 왔고, 전략적 제휴 협의가 이루어졌다. 중앙일보를 통해 기획기사를 내보내고 온라인 사업부인 조인스닷컴에서 설명회를 개최해서 국민 캠페인을 만들어 보자는 계획이었다.

또 지하철 2호선을 타면 볼 수 있는 메트로 방송국과도 협업 딜이 성사되어 방송의 편집권을 확보할 수 있었다.

그 당시 TV에서 인기가 있었던 '미녀들의 수다'란 프로그램이 있었다. 지금으로 치자면 '비정상회담' 같은 프로였다. 거기에 출연하는 호주에서 온 '커스티'란 친구를 회사에 스카우트해서 함께 '브랜든의 세계 도전'이란 프로그램을 제작하기도 했다.

또 호주 국립대학 경영학 교수를 하다가 한국의 케네디연구소 부소장으로 오신 김박사님도, 케네디연구소를 그만두고서라도 함께 하겠다고 참여 의사를 밝혔다.

호주에 있을 때도 김박사는 아시아나그룹의 경영기획실에서 근무하다가 아시아나에서 유학을 보내준 인재였기에 큰 기업을 만들고자 했던 나의 목적에 부합되는 분이었다.

이밖에도 베스트셀러 작가이자 지금도 마케팅에서 유명세를 갖고 있는 A교수도 마케팅을 위해서 영입이 되었고, 영화사도 운영하고 투자회사 대표를 했었던 B사장도 합류했다.

호주만으로는 부족하다 싶어 미국 이민 에이전트이자 정신과 의사 출신의 제니퍼 사장도 함께 하고 고향 친구이자 수백억대 자산가 C대표도 힘을 실어주었다.

활동을 하다 보니 고등학교 동창 중 성형외과 원장을 하고 있는 친구가 도와줘서 신한은행의 최고위 간부까지 소개를 받았고, 모 대통령 선거홍보단장을 하신 유명한 대기업 회장의 핵심 역할을 하셨던 정치가까지도 힘을 실어주신다는 약속을 받았다. 심지어 그때 당시 SK그룹 D부회장도 만나 뵙고 지원을 약속받았다.

워커힐 호텔의 원탁 테이블에서 이루어진 회동에서 기라성 같은 유명한 분들이 한자리에 모여서 호주에서 온 30대 중반의 브랜든과 함께 미래를 도모하는 그 자리는 지금도 잊히지 않을 내 생애 최고의 순간이었다.

단순히 호주 이민성에서 발표한 비자 카테고리를 하나 발췌해서 소개했을 뿐인데 그 상품에 생명이 불어 넣어진 듯 관심과 집중도가 커졌다. 처음과 달리 점점 욕심이 생기기 시작했다.

한국사회에선 호주는 절대 관심도가 큰 나라가 아니었다. 결국 미국과 영국, 필리핀을 포함한 호주를 아우르는 이민법무법인으로 확대해서 방향을 잡았다.

호주 전문 이민회사가 전 세계 서비스로 확대가 되는 것이었다. 그 기반에는 ○○은행의 전국 지점을 이민과 유학 서비스센터로 만들려는 일종의 합의가 있었고, 그 목적을 이루기 위해서 미국을 비롯한 전 세계 이민과 유학 서비스가 가능해야 했었고 뭔가 체계를 갖추려다 보니 한국 변호사를 영입해서 이민법무법인으로 접근해야 한다는 당위성이 생겨났기 때문이다.

163비자의 비용은 1,000만 원이었다. 실제적으론 서류 진행 비용을 제외하곤 나머지가 다 이익금이라 예상하면 대단한 수익이 기대되는 비즈니스였다.

매스컴을 통한 마케팅으로 대상자 5백만 명 가운데 0.0001%인 500명만 고객으로 만든다 해도 50억 원의 매출을 올릴 수 있는 비즈니스라고 생각하니 포텐이 정말 큰 사업이라 여겨졌다.

그래서 수돗물을 틀면 물이 쏟아지듯 고객을 모집하기만 하면 돈이 쏟아지는 사업이라 생각했었고 함께하는 사람들에게도 그 이론을 이야기했다. 그 수많은 사람들이 호주에서 온 젊은 사장에게 줄을 섰던 이유도 그런 포텐이 있어서였을 것이다.

인생에 있어서 세 번 정도 찾아온다는 기회가 그때 나에게 주어진 것인지도 모른다. 하지만 욕심이 더해지고 너무 큰 그림이 그려지자 기본이 되는 단계에 대해서 소홀해지고 말았다.

지금 돌이켜 생각해보면 왜 일찍 모객에 집중하지 않았을까 하는 후회가 있다. 아마도 젊은 나이에 감당하기 버거울 만큼 사업의 확장성이 빨리 오면서 먼저 교만이 찾아왔었는지 모르겠다.

그때가 2007년 말이었고 한참 대통령 선거를 목전에 두고 있었다. 심지어 그때 당시 대통령의 정책기획팀장까지 연계가 되었으니 큰 꿈에 부풀만큼 상황은 너무 좋았다.

무에서 유를 창조하는 것처럼 흩어져 있던 조각들을 끌어모아 퍼즐을 완성하는 것이 사업이라고 생각했었는지 모르겠다.

하지만 너무 큰 퍼즐을 맞추려고 했었던 만큼 성공의 확률은 높지 않았다. 실속 있게 하나하나 쌓아 올렸다면 어떻게 인생이 바뀌었을지 모르겠다.

늘 언제나 그렇듯이 대표자의 조절능력 아래에 비즈니스가 진행되어야 하고 정확한 판단을 할 수 있을 만큼의 정신적, 육체적, 자본적 여유도 필요하다. 촉박함과 조급함은 늘 문제를 야기시키고 본질을 가로막는 판단을 하게 되어있다.

단순하게는 중앙일보의 조인스닷컴과의 계약만 성실히 수행했다고 해도 엄청난 성과를 낼 수 있는 상황이었다. 하지만 그 당시 조급함과 촉박함이 나의 판단능력을 저하시켰고 과정을 통해 결과물을 만들어 냈어야 했는데 서둘러서 결과물을 만들려고 하면서 담당 본부장을 자극하면서 내가 '갑'질을 해버렸다.

대표이사까지 만나면서 빠른 진행을 요구하고 닥쳐진 환경의 촉박함을 해결하려 했지만 결국 계약 자체가 실행이 안 되는 실패를 만들어 버렸다.

이런저런 상황이 겹치면서 잘 만들어 가는 듯 보였던 이 비즈니스는 국민 캠페인이라는 부푼 꿈을 안았음에도 결국은 처음으로 내게 '실패'라는 상처를 남겼다.

절대적 패인이 없었음에도 불구하고 난 이 프로젝트에선 실패했다. 호주 국적을 가졌다는 이유로 한국에서 세운 법인에 내 이름을 넣지 않고 다른 사람 이름을 넣었던 것이 생각지도 않게 발목을 잡고 신뢰를 와해시키는 이유가 되었고, 가정문제까지 겹치면서 의외의 실패를 경험했다.

물론 가장 중요한 것은 '내가 제대로 서지 못해서'가 패인이다. 어쨌든 작은 구멍 하나를 메우지 못했을 때 댐이 무너졌다는 이야기처럼 말도 안 되는 이유를 시작으로 일들이 꼬여지면서 '대박'을 목전에 놓고 칼을 휘둘러보지도 못한 채 백기를 들어야 하는 비극을 맛봐야 했다.

사업을 하려는 많은 사람들이 경계해야 할 것 중의 하나는 '대박의 꿈'이다. 물론 꿈을 크게 하는 것은 좋은 일이지만 큰 꿈도, 큰 기업도 단계를 실속 있게 채워나가면서 차근차근 올라가야 안정적인 사업을 영위할 수 있다.

돌다리도 두드려보고 건넌다는 이야기처럼 비즈니스 상에서의 약속과 계약은 온전히 돈이 내 손에 들어올 때까지 절대 신뢰해서는 안 된다는 진리가 존재한다.

복잡한 비즈니스 세계이지만 진행되는 일에 있어서 사장은 정확하고 간단하게 결론을 내려야 한다. 확신이 서지 않는다거나 복잡함 속에서 결정되는 많은 일들이 시간이 지나면 더 큰 손실과 손해를 불러올 수 있기 때문이다. 기회가 왔을 때, 그 기회를 냉정하고 차분하게 처리할 수 있는 내공이 있지 않는 한 아무리 좋은 기회가 온다고 해도 그것은 기회가 아니라 저주가 될 수 있다는 사실을 잊지 말아야 한다.

고등학교 시절의 교훈이 생각난다.

심오한 사고, 정확한 판단, 과감한 실천!

KOTRA 선정 글로벌 프랜차이즈

⌄

'배보다 배꼽이 크다'는 표현이 현실적으로 적용되는 경우가 프린터와 잉크의 관계다. 프린터가 싸서 구입했는데 사용하다가 잉크가 떨어져 구입하러 가면 그 표현을 실감하게 된다. 예상치도 못한 잉크가 한마디로 너무 비싸다. 하지만 알고 보면 본래 잉크값이 비싸기도 하지만 회사의 고정적 수익보전을 위해 프린터 값을 터무니없이 낮춰버린 탓이다.

'뛰는 놈 위에 나는 놈 있다'고 했다. 이런 프린터 회사에게 한방 먹이는 곳이 무한잉크 장치나 충전을 공급하는 '잉크○○' 같은 회사다. 특히나 잉크값이 비싼 호주에서는 이런 문제를 해결할 수 있는 대안이 있다면 블루오션이 될 수 있겠다고 생각했다.

서울에서 우연히 들렀던 잉크○○ 본사에서 회사의 비전을 듣고, 호주 총판권을 따서 호주로 돌아왔다.

잉크를 충전해서 서비스를 하는 것도 매력적이었지만 그보다 무한 잉크 충전장치를 세팅한 프린터는 상당히 의미 있는 아이템으로 보였다.

예전 인쇄·디자인 회사를 운영했을 때 부동산업체에 물품을 공급한 적이 있다. 그런 업체는 자금 규모가 클 뿐 아니라 그만큼 프린팅 사용량이 엄청 높았기 때문에 니즈가 있을 거라 예상하고 무한잉크 장착 프린터를 렌털 서비스해봐야겠다는 계획을 세웠다.

HP 프린터 중 A3 사이즈까지 프린팅이 가능한 기종을 잉크와 함께 선박으로 수입했다. 그리고 마케팅을 시작함과 동시에 잉크○○의 지사를 모집하는 설명회를 개최하게 되었다.

본사 대표와 기술자도 참여한 설명회에는 호주 전역에서 많은 사업자들이 참석을 했다.

소자본으로 쉽게 오픈할 수 있는 사업이었기에 관심도가 높았지만 영세사업자인만큼 리스크에 대한 부담감 때문인지 따지는 부분도 많았다. 호주시장에서 처음 론칭하는 총판업체인데 많은 사업자가 한 달 매출에 대한 개런티를 원하는 것이었다.

또 다른 한편으로는 사업성이 좋다고 생각해서인지 지사 계약을 신청하는 사람들이 상당수 있었다.

하지만 프랜차이즈에 대한 기본 개념이 부족한 상황에서 신규사업자에게 함부로 지사권을 내주게 되면 당장의 허울만 그럴듯할 뿐 장기적인 관점에서 성장의 발목을 잡는 꼴이 되는 경우를 많이 보았기 때문에 지사 판권을 내줄 수는 없었다.

그래서 먼저 직접 시범하는 총판 직영의 잉크OO점을 오픈시키게 되었다.

당시 필자는 '마이 해피몰'이라는 공산품 할인 백화점을 운영하고 있었기에 잉크충전 사업은 쉽게 정착할 수 있었다.

이처럼 새로운 출발점에서의 창업은 여러 시행착오를 겪는 지난한 시간이 필요하지만 기존에 돌아가고 있는 라인에 얹어서 시작할 수 있는 아이템은 쉽게 접목이 되기도 한다.

잉크OO은 KOTRA에서 선정한 글로벌 프랜차이즈로 성장했다. 호주와 함께 미국과 인도네시아에서도 동시에 총판 계약이 이루어져서 3개국 대표는 같은 출발선상에서 잉크OO을 각각의 나라에 접목시켜 발전을 도모하게 되었다.

그러나 해외진출 프랜차이즈 사업을 할 경우 현지 시장을 개척할 수 있는 매뉴얼과 도구가 충분히 있어야 하는데 한국에서의 매뉴얼만으로 각기 다른 나라에 접목하려고 하니 어려움이 이만저만이 아니었다.

실제로 Brother의 프린터가 많이 보급된 호주에서는 잉크충전이 불가능했다. 한국에는 Brother가 진출되지 않았기에 본사에서도 그에 대한 대비가 안 되어 있었던 것이다.

해외진출 시 본사에 준비되어야 할 내용이 부족하다 보니 시행착오는 고스란히 해외 총판권을 갖은 업체의 몫이 되었다.

앞서 말했듯이 호주는 주업이 유지되는 기존 매장에서 오픈했기에 리스크가 적기도 했고, 또한 부동산업체에 렌털 하는 부분이 성공적으로 론칭되어 유지되었지만 미국 총판의 경우는 달랐다.

미국 총판 사업주가 기존에 하던 사업을 다 접고 잉크○○ 사업에만 집중했는데 1년을 못 버티고 파산하고 말았다.

이처럼 기존 사업이 유지되는 가운데 추가로 진행하는 사업은 시작도 비교적 쉽고 혹여 일이 잘못되더라도 리스크를 감수할 수 있지만 역시나 순수한 신규창업은 그리 호락호락하지 않다.

2017년 4월, 한국 국세청 자료에 따르면 2007년부터 10년간 자영업 창업자 수는 대략 1,008만이며, 폐업자 수는 805만에 달한다.

결국 202만여 개만 계속 영업한 것으로 평균 생존율은 20.1%로 나타났다. 신규 창업한 업체 5개 중 1개 정도만 생존한 셈이다.

많은 사람들이 창업에 대한 환상으로 새로운 시도를 하지만 그 생존 확률이 이렇게 낮다고 하면 준비 단계에서부터 좀 더 신중하게 접근해야 할 필요성이 있다.

따라서 다시 한번 강조하지만 무작정 창업 시장으로 뛰어드는 것보다 직장인이라면 생업을 유지하면서 새로운 시도를 해본다거나, 자영업을 하고 있는 상황이라면 관련성을 잘 활용하여 기존 사업에서 자연스럽게 전환이 될 수 있는 방법을 찾는 것이 중요하다.

호주에서 진행되었던 잉크○○ 비즈니스는 결국 그렇게 오래가지 못했다. 렌털 서비스로 나간 무한잉크 장착 프린터에서 잔고장이 자주 발생되면서 인건비가 비싼 호주에서 잦은 출장을 감당하기 힘들었기 때문이다.

또한 대중적으로 사용하는 프린터가 한국과는 달랐기 때문에 잉크 충전이 불가능한 브랜드가 40% 이상이었고 자연히 수요에 한계가 있었다. 이런 상황에서 전문 인력을 고용하며 이익을 창출하기에는 비즈니스를 영위하기에도 바빴다. 반면 인도네시아에 진출한 잉크○○의 경우는 저렴한 인건비 덕분에 성공적인 비즈니스로 자리 잡았다.

똑같은 사업 아이템을 가지고도 현지 상황에 따라서 호주와 미국에서는 실패하고, 인도네시아에서는 성공했다. 해외에서 성공한 브랜드나 상품을 한국으로 수입해서 비즈니스를 하려는 계획이 있다면 참조해야 할 부분이다.

문화와 비즈니스 환경의 차이를 극복할 수 있는 현지화 작업은 반드시 수반되어야 하고, 무조건 어떤 나라에서 성공했다고 해서 다른 나라에서 혹은 한국에서도 성공할 거라는 보장은 없는 것이다. 따라서 시장조사의 필요성은 어떠한 상황에서도 강조되어야 할 중요한 부분이다.

인도네시아 왕자와 함께 석탄광산을 구입하다

—

　지인이 한 분 찾아왔다. 당시 필자는 호주에서 운영하고 있는 공산품 할인백화점 매장을 확장 이전해서 정신이 없는 상황이었다. 그런데 그 지인은 지난 3년간 인도네시아를 오가며 열심히 공을 들였는데 본인이 감당할 사업 이상으로 성장하는 것 같아서 그 사업에 동참해 줬으면 좋겠다는 뜻밖의 요청을 해 왔다.

　인도네시아의 지방도시 매단의 왕자인 Toto란 친구가 지사장으로 열심히 작업을 해주어 광산을 매입할 수 있는 상황에 놓여있다고 했다.

　서류를 검토하고 진위 여부를 따지고 있을 때 최종 프로젝트 파이낸스 승인 레터가 공문으로 왔다. 45일 이내에 자금을 수령해야 한다는 레터인 것이다.

　그 레터를 가지고 한국에 출장을 갔다. 고등학교 동창 가운데 LG그룹의 인도네시아 석탄광산 담당 변호사가 있어서 그 동창을 만나 시장 상황과 현실성의 문제를 상의했다.

경우의 수가 다양한 상황인지라 내가 듣고 싶은 부분에 더 집중하다보니 석탄광산이 있으면 펼칠 수 있는 일들이 많음을 듣고 희망을 가지고 인도네시아 석탄광산 프로젝트를 해야겠다고 결심했다.

사실 처음에는 믿어지지 않는 상황이었다. 5개의 석탄광산 가운데 3개는 개발이 되어 운영되고 있고 나머지 2개를 개발해야 하는데 그 기회가 지인에게 온 것이다.

프로젝트 파이낸스를 위해서는 담보물이 필요했다. 결국 3개 광산의 석탄을 운반해주는 운송업체 사장이 담보물을 제공해서 프로젝트 파이낸스를 신청했다.

자금이 나오면 1개 광산은 운송회사가, 나머지 1개는 지인의 회사가 소유해서 운영하는 방안이었다.

인도네시아와 같은 나라에선 광산 관련 사기가 넘쳐흐른다고 주변에서 많이 말리기도 했지만 내 개인자금을 투자하는 것도 아니고 오로지 자금을 받아서 진행하는 일이었기에 안 할 이유가 없다고 생각했다.

광산 구입 건 외에도 몇 가지 사안이 더 있었다. 말레이시아와 인도네시아의 건설수주건과 수력발전소 개발 관련 사안이었다.

건설에 전문성이 없던 나는 인맥을 총동원해서 예전 인도네시아 대우플랜트 사장 출신의 중형 건설사 회장님을 소개받았고, 그 분을 설득하는데 성공했다.

인도네시아 고위공무원과 함께 수력발전소 건립에 관련된 미팅이 있었고, 경험 많으신 건설사 회장님 덕분에 일들은 생각보다 잘 정리 되었다.

　한국 수자원공사와 MOU를 맺고 수자원공사의 노하우를 통해 수력발전소를 건립하되 중간 운영에 관련된 운영회사는 우리가 담당하기로 진행이 된 것이다.

　또한 인도네이사 지사장인 Toto는 계속해서 엄청난 규모의 거래를 할 수 있는 미팅 건을 계속 잡아 왔다. 물론 공무원들의 수수료는 상상을 초월한 금액이었다. 역시 후진국이 왜 건설 비리들이 많은가 새삼 실감하면서도 펼쳐질 계약과 규모에 압도되어 미팅과 약속들은 상호 양해 각서의 체결로 이어갔다.

　매단은 인도네시아에서 두 번째로 큰 도시다. 그 도시의 관광명소 가운데 궁궐이 있다. 궁궐을 가서 왕족 사진을 보는데 대를 이어가는 왕자는 아니지만 실제로 Toto가 왕자임은 사진으로도, 궁궐 관계자의 이야기로도 확인할 수 있었다.

　왕 중심의 부족국가였던 인도네시아가 지금은 대통령을 갖춘 현대 국가 체계를 유지하지만 여전히 왕족의 파워는 존재했다.

　정작 중요한 승인받은 돈을 받기 위해서 자카르타를 향해 비행기를 타는데 문제가 발생했다. 담보물을 제공하고 프로젝트 파이낸스의 당사자가 돼주던 운송업체 사장이 쓰러져서 의식을 잃었다는 소식이었다.

일부다처제가 허용된 인도네시아에서 그 사장의 아내는 4명이고 아이들이 28명이라고 했다. 만약 승인된 돈을 수령하게 되면 집안 법적 송사로 연결될 확률이 높다는 이야기에 고민에 빠졌다.

사장이 의식을 차리게 된다면 별문제 없이 자금을 받아 광산을 인수할 수 있을 테지만 만약 그렇지 않으면 소유권 분쟁으로 이어질 수 있는 난감한 상황이었다.

파이낸스 에이전트에선 이미 승인된 프로젝트니까 담보물만 구해오면 2주에서 4주 이내에 다시 우리 이름으로 자금이 나오게 해주겠다고 했다. 결국 Toto의 주재로 광산 3개를 갖고 있는 업체에서 담보를 제공해 주게 되어 다시금 승인을 기다려야 하는 상황으로 바뀌었다.

왕자 Toto는 말만 하면 미팅을 만들어왔고 굵직한 계약 건을 가져왔다. 인맥과 비리가 넘쳐흐르는 나라에서 왕족의 파워는 대단하다는 생각이 들었다.

돌이켜 생각해 보면 이명박 대통령의 자원외교가 생각난다.

말만 잘하면 법적 효력도 없는 상호양해각서 MOU 계약을 넘치도록 받아올 수 있지만, 실제적으로 진행이 될 지의 여부는 아무도 모르는 상황들을 잘 활용해 언론에 엄청난 치적으로 상황을 호도하고 본인 주머니를 챙겨버린 최악의 시나리오 같다.

호주에서 조그마한 비즈니스를 소꿉장난처럼 했었는데 인도네시아와 말레이시아에선 마치 대기업의 CEO가 된 느낌이었다.

정유공장과 수력발전소 등 국가적 프로젝트가 짜고 치는 고스톱처럼 펼쳐져 나왔고 당장이라도 그들의 이익만 보장하면 확보되는 분위기였다.

내 인생에 상상도 못하는 자금을 확보해서 광산을 운영하고 그것을 통해 펼칠 수 있는 수많은 일들이 꿈처럼 다가왔다. 그럼에도 불구하고 나는 최대 4주 동안만 승인 여부를 기다려야겠다고 생각했다.

4주까지도 승인이 안 되어 돈이 내 손에 쥐어지지 않는다면 그 비즈니스는 하지 말아야겠다고 결심했다. 예전 같으면 눈에 불을 켜고 끝까지 성사가 될 때까지 매달렸을지도 모른다.

하지만 시작 시점 자체가 '자금을 확보한다면'이라는 전제하에 참여한 프로젝트이고 내가 익숙한 분야도 아니고 인도네시아라는 생소한 나라였기에 막연함으로 내 스스로의 결정권을 갖지 못하는 비즈니스에 기대감으로 시간을 낭비할 수는 없다고 결정했다.

결론적으론 4주가 지났지만 승인은 지연되었다. 아니 지금 이 시간까지도 그 프로젝트의 자금은 승인되지 않았다.

짧은 기간이지만 많은 것을 배우고, 꿈꾸고, 경험했던 시간들이었다. 남들은 부질없는 대박의 꿈이 있기에 그런 상황에 동참하고 타국만리에까지 건설사 회장을 대동하고 시간낭비, 돈낭비 한 게 아니냐는 질타도 받았다.

하지만 시도조차 하기 전에 가지 말아야 할 길을 정한다면 배움의 기회 또한 놓칠 수 있을거라 생각한다.

비록 성공한 비즈니스는 아니었지만 내겐 많은 깨달음을 통해 나를 성장시키는 시간들이었다.

젊으면 젊을수록 실패를 두려워하지 말고 도전정신을 갖고 다양한 시도를 많이 해보는 청춘들이 늘어났으면 좋겠다. 그 청춘은 나이 때문에 결정되어진 청춘이 아니다. 배움의 자세를 갖는 도전정신이 있는 자라면 그 누구라도 나이와 관계없이 청춘이라 할 수 있을 것이다.

'철밥통'이라 칭하는 공무원이 되겠다고 젊은이들이 몰려드는 시대에 살고 있다. 도전정신이 사라지고 안정을 추구하는 청춘들의 나라 미래는 암울하다.

세상의 성공들은 모두가 안 된다는 것에 도전하는 자들의 좌절과 실패를 뚫고 가냘프게 올라온 성공이 만들어 낸 것이다.

시대가 급변하고 산업이 시시각각 바뀌고 있으니 보는 관점에 따라서 위기일 수도, 기회의 시간일 수도 있다. 이럴 때일수록 우리에게 필요한 것은 도전정신이다.

어느 시대에서나 늘 지금이 최악의 시기이고 위기의 시대라고 불평하는 사람들은 넘쳐난다. 그럼에도 불구하고 그 시대에 그 어려움을 극복하고 업적을 이뤄내는 성공자의 모습이 꼭 존재한다. 시대를 탓하지 말고 도전을 절대로 포기하지 말자. 도전을 할 수 있는 당신에겐 늘 성공의 확률은 존재하기 때문이다.

Made in Korea 호주 '마이해피몰'

너무 큰 꿈에 부풀어 있었을까. 제대로 칼을 휘둘러보지도 못한 채 좌절과 절망을 안고 163비자를 통해 국민캠페인을 펼치려 했던 나는 실패감을 가득 안고서 호주로 다시 돌아왔다.

그때까지의 나는 판단력의 부재가 얼마나 큰 고통인지 미처 깨닫지 못했다. 뭘 어떻게 해야 할지 혼란을 겪는 동안 내가 리더였기에 그 비즈니스 또한 갈 길을 잃고 있었다.

세월이 흘러 지금 생각해 보면 충분히 그 상황에서도 할 수 있는 일이 많았고 어쩌면 오히려 비즈니스를 살릴 수 있는 좋은 기회였지만 그때의 나는 그러지 못했다. 결국 사업을 접어야만 했다.

실패를 곱씹으며 이유를 찾고 분석하는 행위는 내 자신을 객관화해서 볼 수 있게끔 해준다. 그때 나는 그것으로 다시금 평정심을 찾을 수 있었다. 평정심을 갖게 되자 또다시 새로운 기회가 보이기 시작했다.

　당시 디지털카메라가 대중적으로 보급되면서 옛날 방식처럼 필름을 통째 인화하지 않고 사진을 선별하여 앨범을 만드는 수요가 늘고 있었다. 내용물만 바뀌었을 뿐 예전에 하던 명함 사업과 동일한 솔루션이었기에 호주의 수요를 한국의 기술과 물류로 채워나가면 되는 사업이었다.

　우선 한인 밀집 지역에 매장 자리부터 물색하기 시작했다. 그 비즈니스에서 기대할 수 있는 수익모델은 높은 권리금과 임대비를 감당하기엔 무리수가 있다고 판단되었기 때문에 합리적인 가격의 자리를 찾아야만 했다.

　그러던 중 도매 밀집 지역에 있는 창고 매장을 보게 되었다. 기대하지도 않는데 저렴하고 넓은 매장을 만난 나는 사막에서 오아시스를 찾은 사람처럼 그 자리에서 바로 임대 계약을 하게 되었다.

　그리고 오아시스 같은 넓은 매장은 또다시 나의 모험심을 발동하게 만들었고, 애초에 계획했던 앨범제작 사업은 점점 부풀고 있었다.

　당시 한류 열풍으로 한국 제품이 경쟁력을 갖게 되었던 시점과 맞물려 155개 다민족국가인 호주에서 Made in Korean Specialist가 되어보는 것도 괜찮은 방향이란 판단이었다.

　즉시 한국에서 유행하고 있는 양질의 공산품들을 위주로 제조사와 도매업체를 통해 수입해서 매장 직판과 호주 내 유통을 시작했다. 실제론 창고형 매장에 불과할지 모르지만 '할인 백화점'이라는 컨셉으로 이미지업하여 홍보하자 시드니에서 새로운 흐름을 만들게 되었다.

출발은 홈쇼핑 히트상품과 코스트코에 납품되는 제품군 등 비교적 검증된 소비자 관심 제품들을 수입하여 판매하였다. 그런 상품에 반응이 좋았던 소비자들은 더 많은 제품을 원했고 생필품에 대한 수요 또한 상당했다.

그렇게 소비자들의 요구를 따르다 보니 점점 카테고리도 넓어지고 상품군이 다양해졌다. 매장은 1, 2층으로 나누어져 있었는데, 1층은 일반 공산품 위주의 상품들이 진열됐고, 2층은 패션몰로 만들어졌다.

1층 매장의 제품들은 승승장구 매진을 기록하며 불티나게 팔려나 갔다. 그러나 2층의 패션매장은 문제가 있었다. 주로 시드니의 한인이 라는 한정된 소비자를 대상으로 판매하다 보니 한인촌에 가보면 동일 제품을 유니폼처럼 입고 있는 사람이 많아져서 우스운 상황이 연출되 었고, 그럼에도 판매하는 입장에선 다양한 치수를 구비해야 하니 남 는 치수의 옷들이 늘어났다.

팔리는 수치로 보자면 수익이 많이 남아야 하지만 돈 대신 옷이 재 고로 남고 있었던 것이다. 매장을 가지고 장사를 하는데 있어서 가장 주의를 해야하는 부분은 재고에 대한 고민이다.

이론상 100% 남는 장사를 하고 있다고 할지라도 손익계산서를 잘 분석해야만 한다. 결국 회계에 대한 지식을 가지고 숫자로 분석을 하 지 못하면 막연하게 이익을 남는다고 생각하면서도 자본의 고갈을 맞 을 수 있는 사업이 역시나 오프라인 매장사업인 것 같다.

특별히 재고관리는 그 어느 것보다 중요한 포인트이다. 과감히 재고를 빨리 털어내지 못한다면 결국 이익금은 재고로 남을 수밖에 없다.

한국에 출장을 가면 사고 싶은 물건들이 너무 많았다. 시즌별 물건들이 다양했고 히트하는 유행상품들도 계속 바뀌었다.

한 달에 한 컨테이너를 들여오는 계획이었는데 새로운 물건이 도착할 때면 홍보라도 한 듯 귀신처럼 손님도 늘고, 매출도 늘었다. 그러다 보니 수익이 생기면 생길수록 더 많은 투자가 이어졌고 계속해서 컨테이너가 더 자주 입고하게 되었다.

4명으로 시작된 직원은 12명으로 늘었고 창고형 매장에서 출발한 사업은 탄력을 받아 700평의 대형매장으로 이전을 하게 되었다. 냉동·냉장창고가 구비된 식품코너까지 마련되니 명실상부 시드니에서 가장 큰 대형매장으로 성장했다.

한국 제품 특화매장이라는 소문이 나면서 중국, 베트남, 태국, 중동에 이어 호주인까지 손님으로 몰려왔다. 나아가 소매업뿐만 아니라 도매로까지 이어졌고 로컬 상공인협회에서 우수 매장으로 3년 연속 수상하는 영광도 안았다.

평범한 매장을 운영하고 싶지 않다는 욕구는 여러 가지 차별화를 시도하는 노력으로 이어졌다.

'마이 해피몰'이라는 브랜드송을 만들어 매장 내에 울려 퍼지도록 방송을 했다.

유니폼을 입은 12명의 직원들은 서비스 정신으로 무장하고 일사

불란하게 움직였다. 초대형 현수막이 홍보를 담당하고 고객관리를 위해 CRM 전문가를 초빙하여 고객의 소비패턴을 분석해서 마케팅에 응용했다.

온라인 쇼핑몰을 제작하는 등 다각적인 방면에서 현대적인 매장으로서의 자리를 공고히 하려 혼신의 힘을 다했다.

매출이 떨어지면 타깃별 상품권을 발송하고 소비자를 관리했다. 그 결과 프랜차이즈 회사로 발전시켜보자는 제안이 쇄도했고 다양한 제휴가 이루어졌다.

매장의 위치가 한인 밀집 지역에 있지 않았다는 취약점은, 우리 매장을 방문하기 위한 목적형 쇼핑이 되면서 오히려 한 사람당 구매량이 늘어나는 장점이 되었다.

이렇게 매장이 성황을 이루면서 전라남도 특산품의 호주 에이젼트로 임명되어 한국인이 한국에 초청되어 가는 재미있는 일도 있었다. 아직도 네이버 검색창에 '호주 마이해피몰'을 치면 그 소식이 남아있다.

전라남도 특산품 호주 에이젼트 임명을 받고 일을 하면서 얻게 된 팁이 있다. 한국은 수출주도형 국가이기 때문에 지방자치제가 발달하면서 지방 특산품을 수출하게 되면 지방 정부로부터 많은 지원금이 나온다는 사실이다.

개인이 단일 품목만으로 수출을 하는 것은 쉽지 않을 것이다. 그러므로 같은 지역의 사업자들과 함께 컨테이너에 실을 수하물 구성을 짜서 수출 길을 모색해보는 것도 또 하나의 비즈니스가 될 수 있다.

지인 중에 청국장·국수공장을 운영하시던 사장님은 국내 유통을 포기하고 전 세계에 그 지역 특산품을 수출하는 일에 매진해서 거물급 무역인이 되셨다. 거기에 정부지원금으로 공장을 확장한 것은 보너스 정도일 것이다.

2017년 10월 5일 '세계 한인의 날' 기준으로 우리 민족은 194개의 나라에 약 743만여 명이 살고 있다. 2016년 말 기준으로 재외동포가 가장 많은 나라는 중국으로 약 254만여 명이고, 미국, 일본, 캐나다, 우즈베키스탄이 그 뒤를 잇고 있다.

호주의 경우 10만 8천여 명이라고 한다. 이처럼 해외에 거주하는 한인 가운데에서도 이미 많은 사업자가 열심히 활동하며 포진하고 있기 때문에 교포를 중심으로 한 해외사업도 어찌 보면 더 쉽게 진행할 수 있는 또 다른 블루오션이다.

호주에서도 인터넷은 많은 것을 변화시켰다. 예전처럼 공장, 도도매, 도매, 소매로 연결되는 전통적인 유통구조의 흐름이 깨지고 온라인과 홈쇼핑으로 유통의 중심이 이동하면서 사업자나 일반 소비자나 차별성이 없어졌다. 많은 물량을 구입할 수 있는 사람이 더 좋은 가격으로 물건을 구매할 수 있는 상황이 된 것이다.

일명 마담슈머라고 일컫는 주부를 중심으로 하는 온라인 카페가 발달하면서 공동구매를 통한 결속력을 다지며 오프라인 매장이 위기를 맞고 있었다.

예외 없이 시드니에서도 이런 마담슈머들의 공동구매가 시작되면서 마이해피몰에도 피해 갈 수 없을만큼 파장이 커졌다.

처음엔 더 나은 서비스를 통해 오프라인 매장의 건재함을 보여주고 싶었지만 그들 집단은 이익창출을 목표로 하고 있지 않기에 운영비가 투입되어야 하는 사업자인 나로서는 자연히 불리할 수밖에 없는 경쟁 아닌 경쟁이었다.

시간이 흘러가면서 대세를 역행하는 건 무모한 힘겨루기라고 판단해 그들과 제휴를 맺기로 결정하고, 그들에게 공동구매할 물건을 공급해주고, 바자회를 열 수 있게 공간도 제공하면서 상생을 도모했다. 대신 그들이 진행하기 어려운 과일·채소 등의 신선식품 공동구매를 추진했다.

이른 새벽 농수산물 시장에서 싱싱한 과일과 채소를 매입하고 실시간으로 주문을 받아 매일 그날의 주문량을 조절해서 매장으로 소비자를 유입시키는 방법이었다.

일개 매장을 운영하는 것일 뿐이지만 다양한 시도로 시대의 흐름을 따라가지 못한다면 성패의 기로에서 실패의 쓴맛을 경험하게 될 것이다.

이마트 같은 마이해피몰을 운영하면서 너무 많은 경험을 했다. 일단 매장 운영을 위한 인테리어와 홍보, 끊임없는 고객관리와 직원교육 등 세세하게 신경 쓸 일이 많다.

매주 발행되는 주간지에 들어가는 광고와 공동구매 운영을 위한 온라인 카페관리, 그리고 간과할 수 없는 세금, 회계 관리도 필요하다. 또한 수많은 제조공장, 도매업체들과 접촉하면서 시즌별로 새로운 상품을 개발하고, 재고파악에 맞춰 물량을 주문해야 한다.

한국에 운영하는 물류창고에선 여러 업체로부터 들어오는 제품들의 부피를 감안해서 컨테이너를 구성해야 한다. 물류회사를 통해 통관과 운송에 착오가 없는지 확인하고 시드니에 입고된 컨테이너의 하역과 창고관리도 필수다.

현지에서 매일매일 입고되는 식품류도 다양해서 도매거래처마다 일반식품부터 냉동, 냉장식품, 그리고 일본, 중국 등지의 식품까지 거래를 관리해야 한다.

컨테이너가 도착하면 수량을 확인하고 품목별로 시드니 현지시장을 조사해서 가격을 결정해야 하는데, 가격이 정해져 있는 게 아니기 때문에 잘못 판단해서 시중 가격보다 비싸게 되면 최저가 정책에 위배되므로 손해를 감수해야 하는 예민한 작업이었다.

매장이 대형화되다 보니 가구부터 온수매트, 심지어 김치냉장고와 같은 가전까지 취급하게 되었고 결국 배송과 AS센터 역할까지 감당해야 했다.

최소 3개월에 한 번씩 한국에 나가서 거래처 관리도 하고, 새로운 거래처를 통해 시드니에서 취급하지 않는 물건을 수집해서 현지화하는 MD의 역할도 있다. 뿐만 아니라 호주시장 개척을 위해 정기적으로 박람회에 참석해서 대표 도매상들과 교류를 트고 물건을 납품하기도 했다.

그 와중에 무한잉크 장착 프린터 렌털과 잉크충전 사업도 매장 직원들과 함께 진행하고 있었으니 1년 365일, 하도 바빠서 얼마나 정신이 없었는지 지금 생각해 봐도 아찔하다.

회사의 규모가 커지면 담당자가 그 분야만 처리하면 된다. 하지만 창업을 꿈꾸는 사람들에게 있어서 사장의 역할은 1인 다역이다. 멀티 플레이어의 역할을 감당하기 힘들다면 다시금 창업에 대해서 생각해 봐야 한다.

사장은 업무를 감당하는 것 말고도 직원들과의 관계에도 신경 써야 한다. 동시에 가정생활에도 소홀할 수 없고, 개인의 삶도 성장시켜 나가야 하는 엄청난 일꾼이다.

과연 이 모든 걸 감수할 수 있을까. 그렇다면 사장을 하면 된다. 급여생활자의 삶이 호락호락하다고 생각하지는 않지만, 직원은 직장에서의 바쁜 업무도 퇴근하면 끝이 난다. 하지만 사장은 잠 잘 시간에도 고민하지 않으면 낙오되는 살벌한 시장에 서 있다.

긍정적인 마인드로 즐기듯 사업에 임하지 못하면 일에 치여 죽는 직업을 가진 사람이 바로 사장이다.

상상을 현실화하여 끌어 당겨라

사람들은 늘 영화를 보면서 배우처럼 해보고 싶은 일들이 있다.

멋진 오픈 스포츠카를 타고 바다가 펼쳐진 절벽 옆 가파른 길을 드라이브해 보는 것. 그 오픈카에서 머플러를 휘날리며 드라이브를 할 때 옆에서 나를 바라보는 사랑하는 연인.

기다란 리무진 속에 앉아 음악이 흘러나오고, 네온 불빛 아래 널따란 리무진 속에서 칵테일 한잔 마시며 파티에 참석하는 상상.

차에서 내리면 레드카펫이 펼쳐져 있고, 수많은 사람들과 카메라맨들이 나를 기다리고 있는 가운데 손을 흔들며 레드카펫을 걸어보는 상상 등.

마음속 깊은 곳 내재 되어 있는 스타처럼 해보고 싶은 그 마음을 채워주는 여행상품을 만들고 싶었다.

하지만 마케팅이 관건이었다. 이렇게나 좋은 상품을 소개할 수 있는 방법이 부족했다. 기존 여행업계를 통해 마케팅을 하려면 업계 관행에 빠지게 되고, 여기저기 찔러줘야 하는 업계의 틀에서 벗어나지 못해 수익을 내기가 어려워진다.

업계의 관행을 따르면서 무리하게 수익을 내려고 하면 질 좋은 상품을 제공하기는 사실상 어렵다. 사업이란 하나만 좋다고 해서 완성되지 않는다. 좋은 상품과 마케팅, 그리고 시대의 흐름이 함께 삼박자가 맞아야 한다.

기존 패키지투어를 탈피해서 온전히 고객 위주의 여행을 하는 업체의 사장님들을 몇 분 만나게 되었다.

그 분들과 협력하여 실제로 VIP트래킹을 꿈꾸시는 고객들을 모시고 뉴질랜드와 호주를 각각 15일 일정으로 생각했던 여행을 현실로 옮겨보았다. 부족함은 많았지만, 그 상품을 성공적으로 론칭할 수 있었고 사람들의 뜨거운 반응을 보았다.

똑같이 멋진 곳에 간다 할지라도 본인은 절대 만들 수 없는 작품처럼 남겨진 사진들을 보면서 사람들은 기뻐했고, 함께 이야기를 나누면서 상담이 이루어지고 치유가 되고 힐링을 맛보는 여행을 통해 피드백도 좋게 받았다.

이후 더 많은 여행지를 찾는 분들을 보면서 호주만이 아니라 전문적인 여행사들과 연합해서 더 좋은 상품들을 개발해야겠다고 결심하게 되었다.

호주에서 나만의 여행상품을 하자고 한 지 3년 만의 결과였다. 마음에 품고 끝까지 포기하지 않으면 언젠가 결실이 되어 돌아오는 삶 속에서 기쁨과 보람을 느낀다.

　호주에서 추진하고 싶은 또 하나의 프로젝트가 있다. 대형버스를 개조해 메이크업과 피팅룸을 구비하고 시드니 오페라하우스 주변에서 광고판을 달고 움직이는 스튜디오를 만들고 싶다.

　사진하는 친구들을 고용해서 호주 최고의 관광 아이콘인 오페라하우스를 배경으로 관광객들에게 드레스와 턱시도를 차려입게 하고 간편 야외 촬영을 2시간 이내에 완성해주는 상품을 론칭하고 싶다.

　2007년도 유네스코 유적으로 등재된 오페라하우스는 연 8백만 명이 넘는 전 세계 관광객이 찾는 최고의 관광명소이다.

　이곳에서 평생 기억에 남을 사진을 전문가의 솜씨와 후보정을 통해서 다듬고 한국의 인쇄기술을 활용해서 야외 촬영 사진앨범을 EMS로 고객의 국가로 보내주는 시스템을 가진다면 분명히 시장성 있는 상품이 될 것을 확신한다.

　독특한 상품성을 가졌으므로 SNS를 통해 마케팅을 하게 되면 미디어에 노출될 확률도 높고 특허 상품으로 가치를 가질 수 있을 것이다. 만약 이 상품이 인기를 끌 수 있다면 각 나라별 아이콘이 되는 관광지에서 같은 컨셉으로 확대시킬 수 있는 장점도 갖고 있다.

　누군가 이 글을 읽고 먼저 시작해서 성공한다면 그 또한 기쁜 일이 될 것이고 그렇지 않다면 분명히 나는 언젠가 이 사업을 진행할 것이다.

예전에 이규형 영화감독의 '일본을 보면 돈이 보인다'란 책에서 일본에서 유행하는 100가지가 넘는 좋은 아이템을 소개하는 것을 보면서 사업의 꿈을 키웠던 생각이 든다.

확률이 있다면 실행할 수 있는 용기도 사업가의 한 덕목이라 생각한다. 부디 각 분야에서 의미 있는 아이템을 찾고 개발하고 도전하는 여러분이 되기를 기대해본다.

상투적인 멘트가 될지도 모르겠지만 이런 류의 상상도 현실화하면 재미있을 것 같다. 나는 글도 써보고, Youtube에 Star Fantasia Australia 란 타이틀로 영상을 만들어서 올려보았다.

당신이 생각하는 것을 생각으로 멈추지 말고 구체화해서 표현해내는 훈련이 필요하기도 하다. 그래서 많은 책들에서 원하는 꿈들을 글로, 그림으로 표현해서 눈에 가장 잘 띄는 곳에 붙여서 상상을 현실화해 보라고 권한다.

당신을 스타로 만들어 드리겠습니다
: Star Fantasia Tour

‐

4~16인승 리무진을 타고 오페라하우스를 간다고 상상해보라. 리무진 안에는 화려한 네온과 음악이 울려 퍼지고 그곳에서 샴페인을 마시는 영화 속 주인공이 된다.

오페라하우스 앞의 수많은 관광객들 사이로 빨간 카펫이 펼쳐져 있고 그 카펫 위로 내린다. 프래쉬가 터지는 포토그래퍼 앞에 손을 흔들며 내리는 스타가 당신이라면!

오픈형 스포츠카를 타고, 자동차 CF에서 나오는 절벽과 바다가 어우러진 멋진 길을 머플러 휘날리며 사랑하는 사람과 함께 달린다. 푸르름 속에 짙은 녹색 향기의 맑은 공기, 아름다운 장관이 당신 눈 앞에 펼쳐진다. CF 스타가 되어본다.

요트를 타고 오페라하우스를 등지고 하버브리지 밑에서 석양을 바라보며 사랑을 속삭여본다. 시원한 바람이 당신을 감싸고, 레드와인

잔이 빛난다! 요트 타고 와인 마시며 세계적인 관광지를 바라보는 그 타임. 당신은 세계 최고의 부자가 되는 것이다!

세계적인 관광지인 호주의 아름다움을 남들과 다른 시선으로 여유 있게 즐겨보자. 단체관광객만 가는 구태의연한 관광지를 벗어나 진짜 호주를 체험하고, 진정한 여행의 의미를 깨닫게 해주는 멋진 여행, 관광이 아닌 여행을 만끽하는 것이다.

여행을 가면 여행을 즐겨야 한다. 사진 찍느라, 찍어주느라 진짜 여행을 놓칠 수 있다. 여행을 하는 그곳에 당신을 위한 포토그래퍼가 당신만을 멀리서 그리고 가까이에서 계속해서 촬영한다.

당신의 파파라치를 통해 스타의 삶을 체험한다. 환상적인 여행이 끝나고, 집으로 돌아오면, 스타만이 찍을 수 있다던 그 화보집이 집에 도착해 있다. 그런데 그 화보집의 주인공은 바로 당신!!

평소에 하고 싶었던 이야기나 메시지가 있다면 그 내용 또한 수록한 당신만을 위한 화보집, 아니 책이 만들어진다!

너무 젊은 사람들을 위한 여행 같다고? 그런 분들을 위해 최고의 힐링투어가 준비되어 있다.

세계에서 공식적으론 미국의 옐로우 스톤 국립공원에 이어 두 번째 오래된 1854년도에 설립된 로열 내셔널 파크에 당신을 초청한다. 울창한 숲을 지나 몇 걸음 앞으로 나아가면 남태평양이 펼쳐진 장엄한 광경 앞에 보기만 해도 힐링이 될 듯한 그 장소에 사람들의 소란함 대신 당신만 존재하는 희한함(?)을 체험한다.

붐비는 인파 속에서 벗어나 조용히 아름다운 자연에 동화될 수 있다. 이때 호주 전문상담가의 가이드 속에서 온전한 육체적, 정신적 힐링을 체험할 수 있다.

힐링캠프가 무엇인지 온전히 체험하는 시간! 호주의 여유로운 일상생활의 주인공이 되길 원하는가?

조용한 주택가의 숲길에서 가볍게 산책하며 맑은 공기를 만끽하고 동네 앞 자그마한 카페에서 커피와 막 구워낸 토스트로 브런치를 즐겨보시는 건 어떤가? 푸르디푸른 널따란 잔디밭에 누워 음악을 들으면서 독서해 보는 건 어떤가?

그 유명한 '풀밭 위의 점심' 명화 속 주인공이 되어 오늘은 호주에 사는 조용한 일반 시민이 되어보자. 배가 출출해지면 멀리 시드니 시티가 보이는 전망 좋은 공원에서 BBQ를 즐긴다. 호주의 소박한 행복을 몸소 체험하는 좋은 시간이 될 거다.

조용히 힐링하며, 화려한 스타가 되었다가 힐링캠프의 내담자가 되었다가 호주 일상의 일원이 되어보자. 평생 잊지 못할 추억을 당신께 남겨드리고자 여행을 준비하고 있다.

사업으로 성공을 하고 싶다면 계속해서 끊임없이 자기가 좋아하는 것이 무엇인지, 사람들이 지금 관심을 가지는 것이 무엇인지 살펴야 한다. **가장 좋은 것은 좋아하면서 잘하는 것을 선택하는 것이다.**

여행이란 소재는 내가 좋아하면서 호주에 살았던 경험을 살리면 남들보다 더 잘 할 수 있는 소재이다. 이렇듯 좋아하면서 잘하는 것들에 관심을 갖고 끊임없는 자기계발을 한다면 일하면서 즐거움이 넘치는 사업을 할 수 있을 것이다. 또한 생각으로 멈추지 말고 자그마한 노력과 함께 실행이 필요하다.

여행상품을 계획한다면 그것을 영상으로 만들어보고 Youtube에 올려보고, 주변 사람들에게 이야기하고, 여행과 관련된 강의나 세미나에도 참석해보는 작은 노력들이 모여서 목표에 다가서는 자신을 만나게 될 것이다.

제2장

생존 전략 마인드에서 길을 찾다

창업의 시대 미래지도를 바꾸자

〜

호주에서의 24년간의 삶을 잠깐 멈추고 한국으로 돌아왔다. 중간 중간 남들에 비해 한국을 자주 방문한 해외교포 사업가의 삶을 살아왔지만 1년 이상의 장기 체류는 처음인지라 호주에 있을 때와는 다른 패턴이 조금 어색하기도 신기하기도 하다.

닷컴 시대 벤처기업의 붐을 기억하던 나에게 세계적인 스타트업의 약진을 서울에서 몸소 체험하고 있다.

어디를 가나 경제혁신센타며 코 워킹 스페이스(Co working Space), 스타트업 인큐베이터, 엑셀러레이터, 그리고 IR투자 설명회 등을 통해 다양한 스타트업에 대한 가능성을 볼 수 있다.

지금의 사회적 분위기와 정부 지원, 그리고 엔젤 투자의 활성화로 이 땅의 젊은 청춘들이 부러워 보이면서 창업 초기의 예전 내 모습을 다시금 되새기게 한다.

과거 인턴쉽이란 용어조차 익숙지 않은 상황에서 창업을 생각했을 때, 나에겐 도움을 주는 어떠한 멘토도 경제적 지원도 받을 수 없는 황량한 시절이었다. 아니 어쩌면 그때는 내가 그런 정보를 모르고 있었는지도 모르겠다.

대신 나는 구체적 창업에 대한 참조 자료보다는 마인드 컨트롤을 위한 심리적 체력 증진만을 기르면서, 자기계발서를 통해 창업을 준비하는 시간을 보냈다.

그렇게 고립무원의 처지에도 불구하고 용기를 냈고, 방향을 잡았고, 암울한 환경과 부정적 시선을 뒤로 한 채 '창업'에 뛰어들었다.

그때를 생각해 보면 지금의 창업 환경은 정말 '물 들어올 때 노 저어라'는 이야기에서 '물 들어오는 타이밍'이다.

나에게 가장 안타까운 뉴스 중 하나는 한국의 젊은이들이 대학을 가자마자 도서관에 앉아서 공무원이 되기 위해 시험을 준비한다는 소식이었다.

남들 다 가는 대학이기 때문에 뒤처질세라 비싼 등록금을 대출해서라도 졸업장을 따고, 그 대출금을 갚아내기 위해 편의점 아르바이트를 하며 밤을 새는 그런 청춘이 많다는 소리는 정말 안타깝고 화가 난다. 그 와중에 편의점에서, 도서관에서, 공무원 시험을 준비하는 한국의 흙수저 이야기가 수긍되는 면도 있지만 한편으로는 '왜?'라는 의구심을 일으킨다.

많은 청춘들이 획일적 사회 논리에 갇혀 이런 상황에 노출되며 꽃 같은 황금기를 허비하고 있다는 현실은 한국사회의 폐해를 단적으로 보여주는 것이라고 생각한다.

나는 22살에 16주간 어학연수 목적으로 호주에 들어갔다가 24년을 보냈다. 가족들도, 친구들도 아무도 예상하지 못한 체류였다. 심지어 나 자신조차도 전혀 생각지 못했다. 하지만 무엇이 그것을 가능하게 했을까 돌이켜보면 나 역시 한국사회에서 갇혀있었던 '획일적 사고'에서 벗어나려는 몸부림과 '열린 사고'에 대한 갈망 때문이었을 것이다.

획일적 사고의 밑바탕에는 혼자 뒤처지면 안 된다는 불안감, 혼자 튀어서는 안 된다는 강박감, 왕따처럼 홀로 남겨질 것 같은 두려움 등이 있다. 그것은 원초적으로 갖고 있는 개개인의 다양성을 저해시킨다.

때가 되면 초등학교, 중학교, 고등학교에 진학해야 하고, 대학은 SKY 대학을 목표로 해야 하며, 정말 그게 힘들다면 인서울을 향한 집단적 목표로 수능을 보고, 대학에 진학한다.

대학을 졸업할 때면 SKY대학에 대한 열망처럼 대기업에 취업하기 위한 새로운 전쟁으로 스펙을 만들고 학점을 따고, 해외연수를 다녀온다. 그것마저 희망이 없다고 생각하면 전 국민의 철밥통 '공무원'이 되기 위해 목숨을 건다.

좋은 직업을 갖게 되면 좋은 신랑, 신부 만나서 결혼을 해야 하는 것이 지상목표가 된다. 결혼하기 위해 몇 억원의 돈이 필요한 시대에, 타고난 집안의 경제력 유무에 따라 삶이 또 한 번 요동친다.

이 어려운 난관을 뚫고 결혼을 하게 되면 대를 이을 자식을 낳아야 하는 환경에 놓인다. 또한 그런 어려움을 뚫고 자식들을 낳게 되면 이제 그들의 2세들이 얼마나 이 땅에서 좋은 유치원, 초등학교, 중학교로 진학 하느냐를 가지고 엄마는 치맛바람을 일으키며 정보전쟁에 돌입하게 되고 그 많은 사교육을 위해 아빠는 돈 버는 역할에 집중하게 된다.

이러한 일련의 과정 가운데 순차적으로 때에 맞춰 그 나이에 맞는 성공을 하지 못하면 가질 필요 없는 '열등감'을 갖게 된다.

이런 사회적 환경 가운데 싫으면서도 싫다 표현하지 못하고 온전히 환경에 잘 적응하는 사람으로 살아가길 원하며 세월을 흘려보낸다.

이렇게나 많은 난관을 끊임없이 헤치고 나와야 하는데 '열등감'을 갖지 않고 이러한 획일적 사회구조 속에서 성공하는 삶을 영위하고 살아가는 사람은 과연 얼마나 될까?

잘 생각해 보면 소수의 %를 위해서 전체가 희생하는 삶을 살아가고 있지는 않나 생각해 봐야 할 시간이다.

다행히도 이런 상황에도 불구하고 다양성을 찾아서 욜로족 (YOLO: you only live once)의 삶을 찾는 사람들도 많아지고, 취업을 벗어나 스타트업을 꿈꾸는 청년 창업자들도 낯설지 않은 풍경으로 자리 잡아 가는 것 같다.

20대 초반 호주에 건너간 내게 있어서 호주는 홀로서기를 위한 완벽한 환경을 제공했다.

　가정 환경적으로 네 명의 누나가 있는 막내이자 유일한 아들로 태어난 나에게는 장남이라 불리는 자리에 서서 늘 책임감과 사명감이 요구되었다.

　부모님께서 표현하지 않으셔도 그 기운이 자연스럽게 읽혀지는 막중하고 겁나는 '장남'의 포지션이었다. 무엇을 하든지 부모님이나 가족들의 기대에 찬 시선들이 있어서 그 기대에서 벗어나는 일을 한다는 것은 참으로 어려운 일이었다.

　하지만 호주라는 새로운 환경에서는 나 홀로 결정해야만 하는 독립된 삶이 펼쳐졌다. 더욱이 다양성이 보장되는 호주에서는 그 어디에서도 동일한 것들은 볼 수도, 느낄 수도 없었다.

　155개의 다양한 민족이 모여 사는 다민족국가(multi-cultural country)라는 시작점부터가 다양함을 자연스럽게 했다.

　주변에서 볼 수 있는 자동차 등록번호에서도 한국적인 획일성은 절대 볼 수 없었다. 자신의 이름을 차량등록번호로 등록할 수도 있고, 다양한 컬러로 개성을 드러낼 수도 있는 차량등록번호판에서부터 모든 것들이 다양성을 수용하고 장려하는 사회적 분위기였다.

　고등학교를 졸업하고 대학에 바로 진학하는 진학률이 33%라고 하니 한국과 비교하면 정말 말도 안 되게 선택이 자유롭다 할 수 있을 것이다. 나머지 67%는 대학을 아예 안 가는 것이 아니라 67%의 절반 이상이 대학교육이 필요하다고 판단 될 때 대학에 진학하는 것이었다.

호주에서 호텔매니저 출신의 호주인 직원을 고용했던 때가 생각난다.

한국에서 호텔 인턴쉽을 통해 경험을 쌓겠다고 온 한국의 27살 학생과, 같은 나이의 호텔매니저 출신 호주인 직원의 이력을 비교해 보았다.

그녀는 고등학교 때부터 호텔리어의 꿈을 가지고 알바를 시작했다. 그리고 고등학교를 졸업하고는 풀타임 직원으로 호텔에서 근무했다. 점점 경력을 쌓아가면서 학력에 대한 필요성을 느껴 일과 학업을 병행하며 20대 중반에 호텔학교를 졸업했다. 경력은 계속해서 이어가고 있었으므로 그녀가 27살이 되었을 때 10년의 호텔 경력과 대학 졸업장을 갖출 수 있었다.

하지만 같은 나이의 한국 학생은 이제 시작하는 인턴초보였다. 물론 사회 환경적으로 절대 비교가 되지 않겠지만 같은 나이의 한국과 호주 청년은 경력 면에서 상당한 차이가 났다.

스타트업을 준비하고 관심 갖는 많은 청춘들, 그리고 그런 환경에 다시 놓일 수밖에 없는 시니어 그룹들에게 최근의 스타트업 시장은 생각보다 훨씬 좋은 환경이라는 생각이 든다.

협업이 가능한 다양한 부류의 사람들, 그리고 정부주도, 민간주도의 다양한 스타트업 인큐베이터와 액셀러레이터 그룹 등도 여러 어려움을 극복하고 좋은 아이디어 하나로 새 삶과 새 사업이 가능케 해주는 놀라운 시대에 우리는 살고 있다.

　모두가 대학을 졸업하면 취업을 해야만 하는 것이 아니듯이 마찬가지로 스타트업도 모두가 직장 경험 없이 무조건 창업의 길로 가야만 하는 것은 아니다. 다양한 환경 속에서 자신에게 맞는 방향으로 좀 더 현실적인 길을 가는 노력이 필요해 보인다.

　본격적으로 스타트업의 생태계와 환경, 현실적 적용의 가능성을 논하기에 앞서 강조하고 싶다. 그것은 돈이 없어도, 학력이 받쳐 주지 않아도, 집안이 백그라운드가 되어주지 못한다 할지라도 내가 원하는 목표가 분명하고, 요즘 유행처럼 일과 행복의 밸런스를 추구하는 1인이 되자.

　그렇다면 지금 펼쳐진 스타트업의 세계는 생각보다 쉽게 당신의 모든 약점에도 불구하고 최고의 인재로서 등용되고, 활용될 수 있는 좋은 기회의 장이 될 것이다.

기술이 먼저가 아니라 기본이 먼저다

◡

　창업을 생각하고 준비하고 관심을 갖는 사람들에게 그 길을 먼저 가 보았던 선배로서 무엇을 전달할 수 있을까 고민이 많았다.

　전 세계적으로 새로운 붐이 일고 있는 스타트업에 관련된 새로운 생태계와 용어, 그리고 그쪽 세계를 소개하는 책들이나 자료들 그리고 강의들은 넘쳐 나고 있다. 하지만 많은 창업과 스타트업을 준비하는 사람들은 정부지원금이나 엔젤투자자에게 돈을 지원받느냐 못 받느냐에 너무 역점을 두고 있는듯하다.

　물론 스타트업 인큐베이팅이니 액셀러레이터 혹은 코워킹 스페이스 같은 지원제도나 시스템 속에 참여할 수 있게 되는 것도 중요한 부분이다.

　하지만 그에 앞서 창업을 시작하는 사람들에게는 창업자로 들어가기 전의 마음가짐이 가장 중요하다. 온전히 창업을 할 마음가짐이 준비되어야 중간에 포기하거나 혹 성공했을 때도 다시 미끄러지지 않고 탄탄한 사업을 유지할 수 있는 힘이 된다.

그렇다면 무엇이 창업을 위한 마음가짐이 될까?

첫 번째, 현시대의 창업은 선택이 아니라 필수이다.

뭔가 특별한 사업적 마인드를 가진 사람만이 사업을 시작할 수 있을 거라는 근거 없는 선입견을 버려야 한다.

어차피 지금 이 시대는 대부분의 사람들이 자의든 타의든 창업 과정을 받아들일 수밖에 없는 환경에서 살아가고 있다.

1998년 IMF 이후 한국에서도 '평생직장' 개념이 사라져버렸다. 구조조정이다 명퇴다 해서 언제나 중간에 회사를 나올 수밖에 없는 변수들도 많아졌고, 끝까지 채운다 해도 정년 자체가 50대로 치닫고 있다. 때문에 세상 물정 모르고 회사만 다니고 있던 사람들이 창업을 해야만 하는 상황으로 몰렸을 때는 준비 되지 않는 현실에 당황할 수밖에 없는 상황이라는 말이다.

현재의 직업에서 언젠가 창업을 결국 할 거라고 생각했다면 그 누구도 막연한 '회사원의 삶'만 살아가지는 않았을 것이다.

선택이 아닌 필수가 되어버린 창업의 길을 시대 흐름 속에서 읽었다면 이미 당신은 그렇지 않은 사람들에 비해서 앞선 그룹에 속해있다고 할 수 있다. 하지만 앎으로 그친다면 앞섰다는 말은 무색하다.

두 번째, 창업은 세상에 대한 관심에서 시작된다.

창업을 시작하기 위해선 필수적으로 사업 아이템이 있어야 한다. 아이템을 찾는다는 것은 소비자들의 니즈(need)를 채우는 작업이다. 그러기 위해선 소비자들을 알아야 하는데 그 알아감의 과정은 관심에서 출발한다.

불편한 소비자들이 편함을 원하는 니즈를 채워줄 수 있을 때, 혹은 아예 새로운 판으로 소비자를 만족시키는 시도를 할 수 있다면 그것이 바로 사업의 시작이 된다.

나의 경우에는 예전 처음 사업을 시작할 때 하루에 10개의 사업아이템을 발굴해서 기록하는 사업아이템 노트를 만들었다.

하루 1개도 아니고 10개를 찾는다고 하면 그 속에는 말도 안 되는 아이템도 많을 것이다. 하지만 이 노트를 만드는 행위의 중요한 포인트는 끊임없이 사업 아이템을 찾으려고 하는 순간순간의 시도가 세상에 대한 이해도를 높이는 선순환의 고리가 만들어진다는 점이다.

10개의 아이템을 채우기 위해 보이는 많은 부분에 관심을 갖고, 사색하는 시간을 보내다 보면 통찰이 생기고, 그 통찰을 통해 깨달음을 얻게 되는 순환 고리를 발견하게 되는 것이다.

현재 대박을 친 아이템의 90%는 그러한 노력에서 만들어졌으니, 바로 세상에 대한 관심에서 창업의 출발이 만들어진다는 것이다.

세 번째, 창업은 주인의식을 통한 책임감을 배양한다.

직장을 다녀도 직원처럼 다니는 사람이 있고 주인처럼 직장을 다니는 사람이 있다. 숱하게 많은 성공사례들을 들어봐도 역시나 성공의 주역은 그들이 사장이나 주인이 아닐지라도 사장처럼, 주인의식을 갖고 최선을 다한 사람들의 몫이다.

주인의식을 갖고 주체적인 삶을 살아가다 보면 손님이나 직원으로서는 볼 수 없고 들을 수 없었던 것들이 보이고 들린다.

결국 모든 것을 책임지는 자리에서 사안을 바라보면 전체적인 시각으로 문제를 바라보고 단편적인 것들로 흔들리지 않게 된다. 그래서 창업을 생각하는 그 시작점에는 '주인의식' 혹은 '주최 측'의 마음가짐이 가장 중요하다.

그 마음가짐을 가지고 본인이 처한 상황에 적용해 본다면 벌써 창업에 한 걸음 나아갔다고 볼 수 있다.

직장인으로서 직원이 그런 '주인의식'으로 일을 하게 되면 업무적인 관점에서 사장은 차별화된 그 직원을 주목할 수밖에 없다. 왜냐면 요즘 시대엔 그만큼 본인의 자리에서 사장의 시각으로 생각하고 일해주는 '성실한 직원'을 만나기가 어렵기 때문이다.

네 번째, 창업은 '멘탈 갑'이 필요하다.

창업의 길에 들어서기 전 자기 자신의 멘탈에 대한 점검이 필요하다. 남의 떡이 커 보인다고, 직장에 다닐 때면 사업하는 친구나 사업으로 잘 나가는 주변인들의 화려함이 눈에 보이고, 그들의 자유가 커 보이면서 부러워하기 마련이다.

그러나 그들의 화려함과 자유만을 생각하며 사업을 시작하게 되면 엄청난 재앙이 시작된다 해도 과언이 아닐 것이다.

왜냐하면 밖으로 드러나는 화려함 속에 숨겨진 어둡고 암울함은 안 보이기 때문이다.

치열하고 몸서리치게 살아가는 자리가 '사업가의 자리'이다.

남의 돈 받고 사는 것이 정말 아니꼽고 더럽다며 월급쟁이의 삶을 자조하고 비참해하는 많은 직장인들의 하소연을 듣는 사업가들의 마음은 어떨까? 그 속마음은 '너희가 한번 직접 사업해봐라. 그 정도가 진짜 아니꼽고 더럽다고 할 정도인지, 영혼을 파는 자리가 사장의 자리다'라고 생각할 것이다.

롤러코스터를 타듯 오르막과 내리막을 숱하게 경험하며, 언제 어느 순간 어떤 일이 어떻게 사업에 영향을 받을지, 얼마나 위태롭게 사업을 이어가고 있는 것인지 괴로워하며 하루하루 살아내는 일들이 창업의 자리, 사장의 자리인 것이다.

창업을 하기 전 정신무장과 함께 너무 화려한 성공만을 바라보지 말고 그 이면의 힘듦과 실패의 고통을 감내해 내겠다는 자기최면이 선행되어야만 한다.

다섯 번째, 창업은 겸업이 가능하다.

본인이 하고 있는 일을 병행하면서도 시작할 수 있는 것이 창업이다. 굳이 하던 일을 다 그만두고 시작해야 하는 옵션이 아니라 각자의 신분을 유지하면서도 함께 할 수 있는 일이다.

직장인으로서, 학생으로서, 알바생으로서, 주부로서, 여행자로서 각자의 잡(job)을 유지하면서 시작할 수 있다. 물론 한 가지를 할 때보다 더 힘들고 바쁘고 부지런해야만 가능하지만 불가능한 옵션이 아니다.

무엇보다 창업을 할 때 가장 많이 고려해야 할 점은 '리스크 관리'의 측면이다. 리스크를 줄이는 측면에서는 직장을 유지하면서 창업을 시작해 보는 것도 하나의 방법이 될 것이다.

하지만 현실적으론 사업이 그렇게 호락호락하지는 않아서 할 것다 하고 보너스로 할 수 있는 일은 물론 아니다. 어떤 창업을 하느냐에 따라 경우의 수는 아주 다양하겠지만 말이다.

창업을 시작하겠다고 상담을 의뢰한 사람들에게 내가 첫 번째로 질문하는 것은 다른 것이 아니다.

"자금이 충분합니까?"

세상에서 가장 힘든 압박은 경제적 압박이다. 좋은 아이템을 가지고 창업을 시작했다 할지라도 여유자금이 바닥나면 답이 확실해도 최악의 선택을 하는 사례들을 많이 보게 된다.

그런 의미에서 겸업을 이야기하는 것이다. 충분한 자금이 없다면 직장을 유지하거나, 알바를 해가면서 경제적 압박으로부터 조금 더 여유를 가지고 시작하는 것을 적극적으로 추천한다.

어쨌든 적어도 이 정도의 기본적 마음가짐을 갖고 창업에 도전하라. 창업에 필요한 기술적 지식은 집중하면 얻을 수 있다. 우리에게 **먼저 필요한 것은 '기술'이 아니라 '기본'**이다.

정리하면 다음과 같다.
첫째. 창업은 선택이 아닌 필수!! 피할 수 없다면 준비하자.
둘째. 세상에 대해 관심을 갖자. 창업의 시작은 관심!
셋째, 내가 주인이다. 책임감을 갖자.
넷째, 멘탈 갑!! 강인한 멘탈로 무장하자.
다섯째, 리스크를 줄이자! '투잡도 괜찮아'

벤치마킹에서 시작하라

요즘 대세 개그맨 중에 양세형이 있다. 군대를 갔다 와서 더더욱 진가를 보이더니 최고 인기 프로 무한도전의 멤버로 뽑힐 만큼 크게 성장한 개그맨이다.

TV를 보다가 '말하는 대로'에 출연한 그의 이야기를 듣고 공감도 하고 감동도 하면서 깨달은 것은 '원리의 지속성'이었다.

지리산 청학동에서 책만 보던 선비가 한자책 속에서 세상 살아가는 원리를 깨닫고 나서 세상에 나왔을 때 시대의 흐름에도 뒤떨어지지 않고 맥을 짚어 이야기하고 살아내는 것처럼, 양세형의 이야기 속에는 모방과 창조의 연관성을 실제적으로 보여주는 좋은 예가 있었다.

신인 때 바람잡이 MC로 나섰다가 수모를 당한 그가 이를 악물고 시도했던 것이 선배 바람잡이 MC의 멘트를 모조리 외우는 것이었다. 그

대로 외운 것을 풀어냈더니 객석의 반응이 너무 좋았다고 한다. 그때 선배들은 "남이 해서 효과를 본 것을 외워서 한 것일 뿐"이라고 깎아내 린다. 그러자 그는 이에 포기하지 않고 외운 것들의 조합을 바꾸고 자 기 아이디어도 섞어서 새로운 것을 부단하게 만들어 낸다.

결국 모방 100%에서 모방 50%, 자기 것 50%, 그리고 점차 모방 20, 자기 것 80으로 변화하고, 100% 자신만의 개그를 하게 되면서 그 자리 에 설 수 있게 되었다고 한다.

우리가 듣기에는 너무 환상적인 노래를 부른 사람에게 X를 내미는 K팝스타 심사평의 공통점은 모방, 모창이나 구태의연함이었다. 자기 만의 것을 담지 못하면 대중에게 사랑받는 가수가 될 수 없다는 이야 기다. 하지만 우리가 여기서 주목해야 할 것은 신인들에게 있어서 그 시작은 모방에 있다는 것이다.

자기만의 것을 갖기 위해서 모방은 필수일지도 모른다.

사실 모방이야말로 인간의 특징인지 모른다. 원시시대부터 인간 의 발전은 앞선 자들이 창조한 어떤 것을 보고 배워 더욱 발전 시킨 것 이 아니겠는가.

음악이나 미술과 같은 예술에 있어서도, 기업 운영에 있어서도, 관 련 분야의 최고에 대한 벤치마킹으로 시작하라고 한다.

사실 벤치마킹으로 성공한 기업은 무수히 많다.

블룸버그에 따르면 2017년도 4월 5일에 세계 증시에 상장된 기업 중 시가총액 기준으로 세계 6위에 오른 아시아의 유일한 회사 중국의 텐센트(tencent)의 마화텅 회장도 그 시작은 모방이었음을 이야기하고 있다.

1998년 텐센트는 중국 선전에서 마화텅(馬化騰 · 46)회장 겸 최고경영자(CEO)가 선전대 동기인 장즈둥 등과 공동 창업했다.

대학 때부터 천재 소프트웨어 엔지니어로 이름을 날렸지만 정작 사업 종자돈은 주식투자로 번 돈이었다.

올해로 기업의 나이를 따진다면 19세, 아직 미성년인 텐센트가 글로벌 공룡 기업들과 어깨를 나란히 할 정도로 성장한 힘은 창조적 모방에서 시작됐다.

미국과 유럽에서 진행되는 IT 혁신 트렌드를 눈여겨보던 마 회장은 96년 이스라엘 기업이 내놓은 PC 메신저 서비스 ICQ에서 영감을 얻었다. 그와 동료들은 불편사항을 개선하고 중국어를 입힌 메신저 서비스를 유사한 이름(OICQ)으로 내놓았는데, 출시 몇 개월 만에 사용자가 100만 명을 넘어설 정도로 인기를 끌었다.

훗날 이스라엘 기업을 인수한 미국 AOL이 지적재산권 침해 소송을 제기하자 이름을 QQ로 바꿔야 했지만, 지금도 8억 6800만 명이 사용하는 초대형 메신저 서비스다.

마 회장은 2009년 중국 영자신문 차이나데일리와의 인터뷰에서 "우리 회사가 작을 때는 성장하기 위해서 거인의 어깨 위에 올라서야 할 필요가 있었다. 다만, 외부 아이디어를 중국으로 들여올 때 어떻게 창조적 혁신을 하느냐가 관건이었다"라며 성장 비결로 카피캣 전략을

꼽았다.

'남들보다 조금 더 멀리 보고 있다면 그것은 내가 거인의 어깨 위에 올라서 있었기 때문'이라는 아이작 뉴턴의 말을 인용한 것이다.

성공사례를 벤치마킹해서 배우는 것보다 더 효과적인 교육은 없다. 경영대학원과정(MBA)에서도 사례연구(Case Study)를 가장 중요한 학습방법으로 가르치고 있다. 좋은 사례를 벤치마킹해서 배우는 자세는 성공의 핵심요소 중 하나가 된다.

벤치마킹의 대상은 누구에게나 공평하게 열려있다. 어떻게 자기 분야의 아이템을 응용시킬 수 있느냐가 관건이다.

수학 공식을 열심히 외운다고 해서 수학 시험을 잘 볼 수 있는 것은 아니다. 시험은 공식을 쓰는 것이 아니라 문제를 보고 공식의 기반 아래 응용을 잘 해야 좋은 성적을 받을 수 있다.

모든 분야가 그렇지만 사업은 더더욱 응용예술의 산물이다. 그래서 큰 의미에서 사업가는 예술가와 일맥상통한 부분이 있다. 벤치마킹을 통해 더욱 계승 발전시켜 탁월한 창조적 사업가의 길을 걸어가기를 빈다.

처절한 실패는 좋은 공부다

▼

현관 벨이 울린다. 약속 시간이 얼마 안 남아 막 나가려고 하던 참이었기 때문에 급하게 현관을 열었다. 덩치 큰 호주인이 서 있다. 그 호주인이 내 이름을 확인한다. 누구일까 궁금해하며 확인해 주었는데 그 친구는 벤츠 파이낸스에서 보내서 견인차를 끌고 온 드라이버였다.

월 납부금이 밀렸다면서 3개월 치의 돈을 내던가, 아니면 차 열쇠를 달라고 한다. 당장은 1개월 치의 비용도 없었던 나는 그렇게 감동하면서 타고 다녔던 '벤츠'의 키를 그 친구에게 반납했다. 그리고 내가 한 마디 덧붙였다.

"한 가지 부탁이 있는데 저기 기차역까지 태워줄 수 있어?"

난 그가 몰고 온 견인차에 아끼면서 타고 다녔던 벤츠도 싣고, 내 몸도 실은 채 기차역으로 갔다.

실패자의 삶은 한마디로 말하면 위와 같은 경험을 해야만 하는 삶이다. 친구를 만나려고 나가다가 타려고 했던 차의 열쇠를 처음 본 어떤 사람에게 갑자기 반납해야 하는 웃기지도 않을 일을 당해야 하는 것이 실패자에게 다가오는 일상이 될 수 있다.

차를 뺏기고 회사에 출근해도 직원들 앞에선 힘 빠진 모습이나 자신 없는 듯한 태도를 감추고 모든 일이 곧 잘될 것 같다는 희망을 이야기하고 다시 회사를 빠져나온다. 그래서 회사에 출근하는 것이 죽도록 싫었다.

무슨 일이 언제 어떻게 터질지 몰라 공포에 떨어야 했다. 매번 핸드폰에 전화가 오거나 회사에 사장을 찾는 전화나 사람이 오면 소스라치게 놀란다.

아무 일 없다는 듯 겨우 직원들을 속이고 회사를 빠져나오면 바로 앞에 시드니 시내 중심부의 하이드파크(Hyde Park)가 보인다. 푸르름 가득한 하이드파크를 혼자 걸어가고 있노라면 나도 모르게 눈물이 후드득, 봄철 소나기처럼 떨어진다. 눈물을 닦으며 구석진 벤치를 찾아서 혼자 앉아서 이 생각, 저 생각 하고 있다 보면 초라해진 내 모습과 불안한 미래에 대한 걱정으로 또다시 어깨가 축 늘어진다.

양복 입은 패배자의 모습 같아서 괜히 주변의 시선이 의식된다. 혹시라도 아는 사람 볼까 봐 시선을 끌지 않는 넥타이를 차고 구석진 벤치에서 울음을 삼키며 불안한 마음을 진정시키고 있다 보면 호주에서 가장 오래된 세인트메리 성당에서 종소리가 울려 퍼진다.

종소리를 따라 성당 안으로 들어간다. 웅장함 속의 고요한 성당 안에 들어가면 세월의 흐름이 느껴지는 오래된 긴 나무의자에 앉는다. 구석진 공원 벤치보다 어두워서인지 성당에선 눈을 감고 흐르는 눈물을 닦지 않은 채 기도하고 있어도 누군가가 나를 본다는 생각이 안 들어 마음은 사뭇 편안해진다. 조용히 하나님께 기도를 한다.

"주님. 전 어떻게 살아야 하나요? 아무것도 할 수 없어요. 두렵고 떨리고 죽을 것만 같습니다. 더 이상 버티기가 너무 힘들어요. 저 좀 도와주세요."

하염없이 눈물이 흐른다. 아침 회의를 마치고 공원에 온 시간이 10시 반이었는데, 점심도 거른 채 눈물만 삼키다 보니 시간은 벌써 오후 3시를 가리킨다. 다시금 옷매무새를 정돈하고 화장실에서 세수를 하고 깊은 호흡을 세 번 하고 회사에 다시 들어간다.

30분간 책상 앞에 앉아서 대책을 강구해 보려고, 생각이란 걸 해 보려고 발악해보지만 밀려오는 긴 한숨에 가슴이 터질 것 같아 가쁜 숨을 몰아쉬다가 팀장을 부른다.

"나 먼저 나갈 테니까 김팀장이 오늘 마무리 좀 해줘. 급한 일 있으면 연락 주고."

바쁜 척하며 회사를 나선다.

이런 생활을 2개월 정도 하고 있다 보면 점점 목을 죄어오는 일들이 더 많이 생긴다. 급기야 직원들 임금이 밀리기 시작하고, 사무실 임대비부터 각종 공과금이고 우편물이고 전화고 모든 게 돈 달라는 인

보이스밖에 없는 듯하다.

직원들 임금이 밀리기 시작하면 잠깐 회사에 나가도 상담을 신청하는 직원들이 늘어난다. 당장 그들의 생계가 달린 문제가 걸려있다가 보니 어려워만 보였던 사장보다는 본인들의 당장 '임금 체납건'이 더 중요한 이슈로 떠오르고 회사를 그만두겠다고 이야기하는 직원들이 생겨나기 시작한다.

'직원 임금'이 밀리면서 완전 새로운 양상이 회사에 펼쳐진다. 빈 책상이 즐비해지고 지각하는 친구들도 생기고 눈빛도 달라진다. 그때서야 가장 급한 직원부터 회사 상황을 이야기하면서 정리하기 시작해 보지만 정작 남아서 힘을 실어줬으면 하는 직원은 사직서를 가져오고, 나가도 무방해 보이는 직원들은 그냥 자리를 지키고 있다.

가장 힘든 것은 점점 늪에 몸이 빠져 들어가듯 끝이 보이는데도 불구하고 손 놓고 늪 깊숙이 몸이 잠겨 가는 것을 바라보는 것이다.

판단력도 없고, 뭔가 바꾸려는 의지도 힘을 잃고, 아무런 반항도 반응도 못하고, 무참히 회사가 망해가고 있는 모습을 지켜보고 있노라면 슬그머니 마음을 휘젓는 칠흑 같은 두려움이 엄습해온다.

뉴스나 방송을 보다가 누군가 자살했다는 이야기를 듣게 되면 갑자기 가슴이 덜컥해진다.

밤 9시가 되면 홀로 교회에 가서 어두운 예배당에서 기도를 하려고 한다. 아무 말도 생각나지 않고 입에서 떨어지지도 않는다. 1시간을 꼬박 묵묵히 앉아서 혼잣말로 '주여!'와 '아버지!'를 외치다 다시 집으로 향한다.

잠자리에 드는 시간은 정말 최고의 기쁜 순간이다. 모든 걱정과 근심, 그리고 두려움을 내려놓고 괴로움이 없는 현실로부터의 도피처로 가는 시간이어서 그런가 보다.

잠자리에서 일어나는 그 시간은 정말 최악의 두려운 순간이다. 모든 걱정과 근심, 그리고 두려움이 올라오면서 괴로움이 가득한 현실로 들어가야 하는 시간이어서 그런가 보다.

지금의 이 순간만 넘어갈 수 있다면 다시는 비즈니스 안 하겠다고 결심하고 결심해본다. 그만큼 비즈니스가 실패하는 과정의 힘듦은 그어떤 고통과도 비교가 안 되는 심한 내적 고통과 미쳐버릴 것 같은 아픔이 수반되는 '처절한 찰나들의 연속점' 같다.

내공이 뒷받침되지 않고 정신력이 지탱되지 못하면 시체로 끌려나가는 최고의 게임이 비즈니스 같다.

물론 이기는 게임을 한다면 그 어느 것에서도 느껴보지 못한 '아드레날린의 최다 분비'를 경험할 수도 있는 게임이기도 하고……

막연히 상사 눈치 안 보고 윗사람 노릇하며 제대로 돈 벌어 멋지게 살겠다는 단순함으로 시작한다면 뼈도 못 추릴 세계가 '비즈니스'라고 다시 한번 상기시켜 주고 싶다.

세상은 좁혀졌고 아이템은 넘쳐난다

세계 경영을 외치던 대우그룹 김우중 회장의 〈세상은 넓고 할 일은 많다〉라는 책을 읽고 진취적 도전을 하며 살아야겠다는 결심을 했었다. 하지만 그렇게 넓게만 보이던 세상이 요즘은 엄청 좁아 보인다.

어릴 적에 걸어서 등하교하던 초등학교가 그렇게 멀기만 하더니 몇 십 년 만에 찾아갔을 때 너무 가까워 보여 어리둥절한 것처럼 세상이 넓다고 표현하던 시대는 가고 이젠 글로벌 빌리지의 시대가 도래했다.

세계 어디를 가든 하루 만에 가지 못할 곳이 없게 되었고 전 세계를 여행하고 있는 수많은 여행객 그룹에 한국인이 있다.

나는 21살 때 혼자 유럽 배낭여행을 떠났다. 평소에는 겁이 많았지만 의외로 유럽으로 혼자 떠나는 것에 대해 겁을 먹지는 않았다.

영국 런던을 시작으로 벨기에 브르셀, 헝가리의 부다페스트, 이탈

리아 베니스, 로마를 지나 오스트리아 빈, 스위스의 취리히와 제네바, 독일에 프랑크푸르트, 베를린을 지나 네덜란드의 암스테르담 그리고 프랑스의 파리를 보고 다시 한국에 돌아왔다.

세계 명작 동화에 나오는 동화 속 나라들이 현실에 존재했고 그 속에 내가 참여해 보는 기분은 상당히 흥미로웠다.

그중 가장 잊을 수 없는 추억은 역시 '무소유가 주는 참 자유'였다. 여기에 얽힌 에피소드가 재밌다.

모든 배낭여행 일정을 마치기 3일 전 프랑스 파리에 도착했다.

예술가들이 넘쳐나는 몽마르트 언덕에 갔다가 내려오는 길에 덩치 큰 프랑스인이 나를 보며 '목마르지 않냐'고 물어봤다. '목마르냐'는 'Thirsty'란 단어는 영원히 잊지 못할 단어이기 때문에 귀에 쏙 박혔고 그 친구를 따라서 생맥주 한잔에 4,000원이란 이야기를 믿고 뒤따라갔다.

Thirsty란 단어는 헝가리 부다페스트의 오페라하우스에서 제대로 경험 했었다. 우연히 옆자리에 앉게 된 일본인 친구가 계속해서 나보고 30살이냐고 물어서 계속해서 21살이라고 대답했었다. 포기하지 않고 4번이나 물어보는 멍청한 일본인이라 생각하며 나는 계속해서 나이를 대답했지만 고개를 갸웃거리다가 자리를 옮겨버리는 그 친구의 눈빛을 지금도 잊지 못한다.

"Are you thirsty?(너 목 마르지 않아?)"를 나는 "Are you thirty?(너, 30살이니?)"로 이해하고 "I am twenty one years old.(난 21살이야.)"만 열심히 외

처댔으니 일본인 친구가 대화를 포기하는 게 너무 당연한 것이었다. 이것이 프랑스에서 thirsty가 내 귀에 쏙 박히게 된 사연이다.

다시 프랑스 파리로 타임을 돌려보자. 어두컴컴한 지하 술집으로 들어가서 실내를 보니 영화에서나 나올 법한 덩치 큰 4명의 흑인과 백인이 온몸에 문신을 한 채 나를 쳐다보는 가운데 프랑스 여자답게 예술적으로 생긴 여인이 내게 다가왔다.

불현듯 뭔가 잘못 돌아간다는 생각에 그 여인에게 내 상황을 이야기했다.

"나는 가난한 배낭여행객이다. 로마에서 돈을 많이 써버려서 수중에 돈도 없고 목이 말라서 생맥주가 선불로 4,000원이라고 하기에 여기에 들어왔다."

그러자 그녀는 웃으면서 걱정 말라며 혼자서 와인을 마시고 있었다. 다시 정신을 가다듬으려 화장실에 가서 어서 빨리 여기서 빠져나가야겠다고 마음을 먹고 돌아왔을 때 덩치 큰 백인 한명이 계산서를 나에게 내민다.

'오 마이 갓! 75만원이다.'

다시 한번 열심히 내 상황을 설명했지만 그 덩치가 내게 말한다.

"너 파트너가 마신 와인 값이다."

너무 말도 안 되는 상황이었지만 4명의 덩치 앞에서 얼마 남지도 않은 지폐들을 다 털어주고 동전 몇 개를 가지고 그 술집을 빠져나왔다. 돌이켜 생각해보면 90년대 초반에 사회적 문제를 일으켰던 몽마르뜨

언덕 근처 바가지 술집 중 하나였던 것이다.

결국 눈 앞에 보이는 아름다운 에펠탑조차 입장료가 없어 못 가보고, 숙박비조차 없어서 밤기차를 타고 예정에 없던 네덜란드 암스테르담에 가게 되었다.

재밌는 것은 아이러니하게도 주머니가 비니 더 이상 두려울 것이 없어지고, 마음의 평안에 찾아오더라는 것이었다. 심지어 덩치 큰 흑인이 칼을 들고 있어도 서슴없이 그에게 길을 물어볼 수 있었다. 가진 게 없으니 뺏길 것도 없고 설마 죽기야 하겠냐는 똥배짱만 두둑히 생긴 것이다. 맞는 표현인지는 모르지만 '무소유가 가져다준 혜택'이었던 셈이다.

그런저런 에피소드를 챙기면서 나는 유럽 배낭여행도 하고, 155여개 민족이 모여 사는 다민족국가 호주에 살기도 하면서 세계가 생각보다 단순하고 좁다고 인식하게 되었다.

생각나면 언제든지 방문해서 볼 수 있고, 해외에 사는 사람들과도 언제든 교류할 수 있다는 나름의 '세계관'이 만들어진 것이다.

유치원 1년을 정규 과정으로 인정하는 호주에선 13년간의 고등학교 과정을 마치고 대학까지 졸업해도 빠르면 21살, 보통은 22살이다. 그 나이에 보통 취업하기 전에 청춘들은 세계 여행을 가는 경우가 많다. 1년에서 2년 정도 세계 여러 나라를 돌아다니면서 세상을 경험한다.

물론 요즘은 한국에서도 초등학교 때부터 영어캠프다 어학연수다 해서 해외에도 많이 나가고, 가족들과 해외여행 하는 사람들로 넘쳐

난다.

특히 20대에는 본인이 마음만 먹으면 적은 비용으로 워킹 홀리데이(Working Holiday) 비자로 갈 수 있는 세계의 여러 나라들이 있다.

나는 많은 청년들이 이러한 기회들을 잘 활용하여 더 넓은 세상, 더 넓은 생각들을 가지는 기회를 놓치지 말았으면 한다. 세상을 돌아보면 분명 보는 시야가 달라지기 때문이다.

초중고 12년에 4년의 대학을 마치고 노량진 학원가에서 컵밥을 먹으면서 공무원 시험에 인생을 거는 것을 꼭히 나쁘다고는 할 수 없지만 분명 세계를 둘러보다 보면 다른 다양한 목표가 생길지도 모르기 때문이다.

서점에 가 보면 다양한 세대의 도전하는 사람들의 이야기가 즐비하다. 그들은 전 세계를 돌아다니며 자신만의 깨달음을 책으로 이야기한다.

남의 이야기라고 생각하지 말고 지금부터 본인이 살고 있는 삶의 테두리에서 벗어날 준비를 해보자. 먼저 익숙한 환경에서 벗어나는 연습을 시작하자. 처음부터 다른 나라에 갈 필요는 없다. 한국에서부터 새로운 도시에 가서 혼자서 주말을 보내보자.

익숙한 친구들 만나는 일을 잠깐 멈추고 새로운 사람들과의 만남을 시도해 보라. 한국에 체류하는 외국인 숫자가 몇 년 전부터 200만 명이 넘어갔다고 한다. 그들과 '대화를 열어보자.' 한국에서 원어민과 친구 맺어서 할 수 있는 일도 차고 넘친다.

편안함을 떨쳐버리고 익숙함을 내려놓는 순간, 넓게만 느껴지는 세계가 좁디좁은 촌으로 느껴질 것이다. 그래서 영어로도 Global Village(지구촌)이라고 한다.

시대의 흐름에 타올라 큰 파도를 기다려라

⌄

뉴스를 보면 매일 똑같은 일상이 반복되는 것처럼 보이지만 의외로 시대의 맥을 짚을만한 정보들이 꽤 많이 나온다.

최근엔 4차 산업혁명이나 블록체인, AI와 암호화폐에 대한 이야기도 빈번히 등장하는 메뉴다.

2014년 호주의 뉴스에서는 에어비엔비(Airbnb)에 대한 정보가 소개되었다. 예전에 유스호스텔을 운영했던 기억을 더듬어 보면 이 사업은 기존 호텔이나 숙박업에 엄청난 타격을 줄 수도 있는 엄청난 혁신으로 보였다.

지금 한국에서도 스타트업을 하는 많은 사람들이 부업으로 활용하고 있는 대중적인 플랫폼사업 중 하나이고 여행할 때면 우버와 함께 전세계에서 가장 많이 활용되고 있는 성공 스타트업 중 하나이다. 하지만 그때 당시만 해도 너무 생소한 컨셉이었고 주변에선 그런 정보들을 많이 모르고 있었다.

무엇이든 가능성이 보이고, 혹여 실패하더라도 그 과정에서 배움이 있을 거라는 걸 알기에 나는 남다른 행동력으로 일단 시도해 보는 것이 옳다는 주의다. 이런 행동력은 사업에 있어선 필연적으로 요구되는 자질 같은 것이라고도 생각한다.

나는 바로 리조트 형식의 일반 아파트를 임대해서 2개의 방을 호텔처럼 꾸몄다. 물론 그 집은 내가 생활하는 공간이기도 했다. 에어비엔비 사업의 용도로만 생각하고 추진한다면 수요가 없을 때에는 비용이 발생하는 리스크가 있기 때문에 내가 생활하는 집을 에어비엔비 숙소로 전환한 것이다.

하지만 숙소로 이용할 고객을 위해서 공간은 호텔처럼 꾸몄다. 한 달 만에 손님이 예약을 하기 시작했다. 에어비엔비는 사용자 측에서 남기게 될 피드백도 중요하지만 일단 고객을 유치하려면 처음 이미지가 가장 중요하다는 생각에 공간을 꾸미는데 비용을 할애한 내 생각이 적중한 것 같았다.

유스호스텔을 운영했던 경험을 살려 나는 주변 환경도 잘 설명해주고 샴페인과 간단한 과일을 서비스로 준비하는 등 세심하게 신경을 썼다. 노력이 통했는지 그 효과는 얼마 지나지 않아 손님들의 피드백으로 드러났다. 결과는 성공적이어서 물밀듯이 예약이 들이닥쳤다.

리스크를 줄이기 위해 생활하는 집을 숙소로 전환한 것이 결국 손님예약이 꽉 차면 나는 다른 잠자리를 찾아야 하는 웃지 못할 상황이

됐다.

덕분에 나는 다른 에어비엔비를 예약하고 다양한 장소를 가 볼 수 있는 방법을 선택했다. 그렇게 내 숙소 전체를 임대하고 나는 에어비엔비를 통해 다른 숙소를 사용하다 보니 갭 차이가 많이 나서 이익금이 쌓이기 시작했다.

에어비앤비 주 임대비가 650불, 하루 이용료는 290불이었다. 보통 4일에서 일주일 정도를 임대하는 사람들이 대부분이었다.

그렇기 때문에 청소비까지 임대인이 지불하니까 매주 $2100의 금액이 입금됐다. 깨끗하고 주인이 친절하다는 피드백이 이어지자 예약은 끊이질 않았다.

매주 백만 원 이상의 순이익금이 고작 방 2개에서 이루어졌다. 이런 상황이라면 같은 형태의 집을 10채로 늘이면 매주 천만 원 이상의 순이익금이 발생하는 비즈니스로 성장시킬 수도 있었다.

많은 사람들이 '사업'이라고 하면 남달리 혁신적인 아이디어가 있어야 할 수 있다고 생각하며 시작도 하기 전에 좌절하는 경향이 있다. 그러나 '사업'이라고 해서 거창한 것을 떠올릴 필요는 없다.

시작은 단순한 도전정신으로, 주변에서 쉽게 접하는 아이템을 가지고 리스크를 줄이겠다는 노력 차원에서 시도해 보는 것도 하나의 방법이다. 대단한 수익사업이 아니더라도 번외의 유익함은 얻을 수 있다.

에어비엔비를 통해서 전 세계인과 소통하는 사례들도 흔히 보왔다.

홍대 근처에서 방 2칸을 전세로 살면서 방 1개를 에어비엔비로 저렴하게 외국인에게 내놓은 경우가 있었다. 그 호스트는 1년 내내 전 세계에서 온 다양한 외국인들과 친구가 되어 돈도 벌고 영어도 배우는 멋진 삶을 살아가고 있었다.

혹시 아는가? 그러다가 뜻밖의 운명적인 인연을 만나게 될지…. 행운은 언제 어디서 어떻게 튀어나올지 시도해 보지 않고서는 모르는 일이다.

사업은 '돈을 내던 것을 안 내게 해주거나, 돈이 안 되던 것을 돈이되게 해주거나'라는 Bright Lee의 표현은 아주 적절한 표현이라는 생각이 든다. 또한 그것은 '문제의 해결'이라는 차원에서 사업의 아이템을 발굴할 시발점이기도 하다.

예를 들면 핸드폰의 문자 사용료를 내던 사람들에게 카카오톡은 비용을 안 내게 해주니 사람들은 카톡에 열광했다.

에어비엔비는 남는 방이나 집을 갖고 있던 일반인에게 돈을 벌 수 있게 해주었으니 사람들이 열광하는 것이다.

자가용을 가진 일반인들에게 돈을 벌 수 있게 해 준 시스템인 우버(Uber Taxi)는 3년 만에 전 세계 170개 도시에서 성행 중이다. **시대의 흐름을 잘 읽어나가는 것도 새로운 아이템에 좋은 아이디어를 제공할 것이다.**

맹목적인 열정보다는 제대로 된 방향을 보고 걸어가라

일찍 일어나는 새가 늦게 일어나는 새에 비해서 먹을 것을 많이 찾는다는 고정관념을 깨야 된다는 생각을 많이 하게 되는 지금의 세상이다. '일찍 일어나는 새가 피곤하다(?)'는 표현은 방향과 효율의 중요성을 강조한 표현이다.

아무리 일찍 일어나도 먹이가 없는 곳에서 열심히 먹잇감을 찾는다면 남대문에서 할 말을 동대문에서 하는 격이다. 괜히 일찍 일어나서 몸만 더 피곤해질 수 있다.

'멀리 가면 뭘 하나, OB가 안 나야지.'

비거리도 중요하지만, 방향성을 더 중시하는 골퍼들의 격언이다

나는 밤늦게 손수레를 끌고 다니면서 박스를 수거하고 있는 어르신들을 볼 때면 마음이 짠해지며 어떻게 살아야 할까를 고민한다. 아침 일찍 일어나 늦은 밤까지 열심을 다 해서 살고 계시지만 국가의 복

지혜택이 없으면 당장 삶의 영위마저 힘든 그 분들을 보면 게을러서 못 산다는 이야기는 허구임을 실감한다.

그 분들은 정말 열심히 사신다. 하지만 그들의 삶이 여유롭지 못한 것은 '열심'의 문제일까? '방향성과 효율'의 문제일까?

내가 30대 초반일 때 알게 된 중년의 사장님이 있었다. 사업을 크게 하시는 분이었는데 내게 이런 이야기를 하셨다.

"20대에 한 달 동안 뛰어다니며 이뤄낸 일들이, 30대에는 일주일만 뛰어다니면 되고, 40대에는 24시간이면 해결되고, 50대가 되니 전화 1통이면 해결 되더라."

처음에는 이해가 안 가던 그 말이 15년쯤 지나니 이해가 되었다. '경험과 경륜'이 뒷받침되면 모든 일을 할 때 '방향성과 효율성'의 측면을 보게 되고 해야 할 일과 하지 않아도 될 일들을 알게 되면서 불필요한 에너지 소모를 줄이고 성과 위주의 일들에 집중하게 되며 효율을 극대화할 수 있는 것이다.

그렇다면 '경험과 경륜'이 쌓이는 세월만을 기대하면서 나이를 먹어야 하는 걸까라는 의문을 갖게 된다.

여기서 '경험과 경륜'이 의미하는 바는 '정보력', '판단력' 등 어떠한 문제를 해결하는 능력이라고 할 수 있을 것이다. 그리고 그러한 힘을 얻는 방법이 세월이 흘려야 만이 얻어지는 것은 아닐 것이다.

노력에 따라서, 배움에 따라서 젊은 나이라도 얼마든지 얻을 수 있다. 그 중의 하나가 모방일 것이고, 책에서 얻을 수 있는 지식일 수도 있고, 여행에서 느낀 넓은 시야일 수도 있고, 훌륭한 멘토로부터의 도움일 수도 있고, 경험자의 강의를 듣는 것을 통해서도 얻을 수 있을 것이다.

즉, 하고 싶은 일을 하면서 행복하게, 사업적으로도 성공적인 삶을 살기 위한 길은 막연하게 열심히 살면 되는 것이 아니라, 가장 효과적인 방법을 찾기 위한 '정보'를 어디서 구할 것인가에 달려있는 것이다.

첫째는 최고의 강습을 받는 것에 투자하라.

성공으로 검증된 사람을 통해 관심 분야의 최신 트랜드와 방향성을 이해하는 게 중요하다.

2012년도에 '트랜드 헌터'라는 카페를 운영하는 젊은 친구의 이야기를 보면서 SNS가 정말 중요하다고 생각했지만, 당시에는 내 삶에 직접적으로 적용시킬 수는 없었다.

4년이 지나서 ㈜트랜드 헌터의 대표이사가 된 정영민 사장을 만나고는 SNS가 정말 중요하다는 생각이 더더욱 절실해졌다.

그는 4년 만에 40여 명의 직원과 100억 대의 매출을 올리는 사업가로 변신해 있었던 것이다. 그의 특강 '초고수 마케터 되는 법'을 받아보니 그의 노하우와 트랜드, 그리고 효율적인 온라인사업에 대한 전체 그림을 다 볼 수 있었다.

수없이 깨지고 돈을 낭비하며 깨우친 진리가 그의 강의 한방에 정리된 것이다.

둘째는 '경험과 경륜'의 멘토를 만들어라.

본인이 '경험과 경륜'이 쌓일 때까지 기다리는 것이 아니라, 전화 한 통으로 20대의 한 달간의 노력을 퉁 칠 수 있는 능력을 가진 멘토를 찾는 것이 중요하다.

그 멘토는 그 분야 베스트셀러의 저자, 강연자, 혹은 옆집 아저씨 일 수도 있다. 눈을 크게 뜨고 적극성을 가지고 도전해야 한다.

막연하게 생각하지 말고 행동으로 옮겨 멘토와의 만남을 추진하고 배움의 의지를 보여주면 생각지도 않게 당신의 노력을 '열정의 가치'로 인정해 주는 멘토를 만날 수 있다.

셋째는 매주 대형서점에 가서 트랜드를 익혀라.

예전에는 미국에서 히트를 친 상품이 일본으로 먼저 건너가고 일본에서 검증된 상품이 한국으로 들어왔다. 그리고는 서울, 경기권에서 붐을 이루고 한참 후에 지방으로 그 흐름이 전이되는 추세였다. 그러나 지금은 전 세계의 트랜드가 동시다발적으로 나타나고 있다. 예전처럼 시간적 간극을 두지 않는다. 아니 오히려 어떤 상품은 미국과 한국에서 동시에 발매하거나 서울에서 먼저 시작하기도 한다.

그래서 끊임없이 트랜드를 찾아내고 익혀야 하는데 그 중 가장 검증된 곳이 서점이다. 인터넷을 통해서 더 빠르게 트랜드를 찾아낼 수 있지만, 너무 많은 정보로 인하여 깊이가 없는 경우가 많아 내 것이 안 된다.

차라리 매주 대형서점에 가서 각 분야 베스트셀러를 확인하고 신간을 보면서 좋은 책을 구별해보자. 먼저 책 내지에 표기되어 있는 판쇄를 확인하는 것도 하나의 방법이다. 트랜드에 맞춰진 책이라면 분명히 독자로부터 인정을 받을 것이고 '인정받음'은 판쇄 숫자를 통해 알 수 있다.

우리가 어떤 목적지를 향해서 갈 때에 가는 방법은 다양하다. '길찾기 앱'을 통해 출발지와 도착지를 입력하면 여러 옵션이 제시된다.

택시를 타는 방법도 있고 지하철이나 버스를 탈 수도 있고 도보로 걷는 방법도 있다. 물론 자가용을 타고 찾아가는 방법도 있다.

무조건 택시를 탄다고 해서 그 목적지에 빨리 갈 수 있는 것은 아니다. 분명 도보나 버스를 타는 것보다 택시나 자가용이 그 목적지에 더 빨리 도착할 것이다. 하지만 우리는 효율을 생각한다.

길이 막히는 출퇴근 시간이라면 '지하철'를 활용해서 택시를 이용했을 때보다 비용과 시간을 더 절약할 수도 있다.

늘 우리가 고심해야 할 것은 상황에 맞는 효과적 투자와 효율성의 극대화이다.

늦었다 생각지 말고, 지금부터 트랜드를 읽고 조언을 받고, 도움을 청해서 바른 방향과 효율의 무기를 장착한다면 노력을 하고도 가난에서 빠져나오기 힘든 '폐박스 수거'의 삶을 피할 수 있을 거라고 생각한다.

다시 한번 강조하지만 맹목적으로 일찍 일어나지만은 말자. 피곤하기만 하다.

남들과 다른 매력(Weirdo) 카리스마를 탑재하라

지금은 더 다양한 이름들 때문에 평범한 이름이 되었지만, 70년대에 '윤 별'은 상당히 진보적이고 독특한 이름이었다. 바가지 머리의 별이는 초등학교 친구였는데 그의 이름이 불릴 때면 항상 다른 사람들의 시선을 끌었다.

독특한 이름을 가진 친구들을 보면 눈에 띄는 만큼 주인공처럼 개성 있는 멋진 삶을 살거나, 완전 찌그러져 바보처럼 살아가는 것 같다. 절대 평범한 중간지대의 삶을 살게 되지는 않는 것 같다.

물론 개인적인 생각이긴 하지만 이름 하나만 독특해도 삶이 바뀔 수 있는데 우리 삶에서 각각의 개성을 살리고 드러내는 일은 참 중요하다.

역사상 가장 큰 성공을 이룬 벤처 금융의 대부 크리스 사카는 우버, 인스타그램, 트위터, 킥스타터를 비롯한 여러 성공 기업에 초기 투자해서 엄청난 부자가 되었다.

그의 미네소타 대학교 졸업생들을 위한 연설 제목인 '독특하고 별나게 살아가라'는 그의 철학이 제대로 드러나 있다.

"생각해 보십시오. 여러분의 오랜 친구들이 여러분을 좋아하는 이유를요. 아마도 그들은 여러분이 뭔가 독특한 부분이 있어서 좋아했을 겁니다. 유난히 개구쟁이였거나, 뭔가를 유독 잘 만들었거나, 노래를 간드러지게 불렀거나, 달리기를 잘했거나, 아니면 유난히 말수가 적고 조용했다거나…… 앞으로 수십 년 동안, 친구들이 좋아했던 당신만의 독특함과 유별남을 당당하게 드러내며 살아가세요. 당신의 독특함과 유별남이 새로운 사람을 만나게 해주고, 당신을 돋보이게 해주고, 취업과 사업에 도움을 줄 것입니다. 커다란 스트레스와 압박을 받는다는 이유로 당신의 독특함과 유별남을 꼭꼭 가면 뒤에 숨겨 놓지 마십시오. 그러면 타인과 똑같은 얼굴로 살게 됩니다. 유별나게 살다보면, 독특하게 살다보면 최고의 행복을 발견하게 될지도 모릅니다."

- 〈타이탄의 도구들〉 팀 페리스 저

전 세계의 어디를 가도 '똑같은 인간'은 존재하지 않는다. 심지어 일란성 쌍둥이도 분명히 다른 뭔가가 있다. 어떤 의미에서는 우리 모두는 유니크한 존재다. 각자가 갖고 있는 독특함을 당당하게 드러내며 살라는 이야기는 평범함을 버리라는 것도, 부정적 의미의 또라이처럼 살아가라는 이야기도 아니다.

'또라이'란 명칭은 저급한 표현이었는데 예전 유재석이 노홍철을 보면서 '돌아이'로 표현했고 2016년엔 진짜 아이돌 김희철을 '돌I'로 표기하며 개성을 인정하고 존중하는 사회로 변화하고 있다.

영어로는 weird(괴상한)에서 weirdo로 신조어가 만들어졌고 심지어 "Everyone is somebody else's weirdo. 우리 모두는 어느 누군가의 '돌+아이'이다."라고 말한다.

미국에서 요즘 '특별함'을 좋아하는 사람들이 'weirdo'가 되려하고 있다. 대표적인 인물로는 팝 가수 레이디 가가(Lady Gaga)다.

"You laugh at me because I am different. I laugh at you because you're all the same. 내가 다르다는 이유로 당신들은 나를 비웃는다. 하지만 모두가 너무 똑같은 당신들을 나는 비웃는다."

- Lady Gaga 레이디 가가

사람들은 본인 수준에서 이해하기 힘든, 혹은 받아들여야 하는 그 이상의 것에 대해 좋은 것도 밀어내는 거절의 심리를 가지고 있다. '거절'이 두려워서 자신의 독특함을 포기한다면 절대로 성공할 수 없다.

레이디 가가의 삶을 통해 알 수 있는 것도 마찬가지다. 그녀가 대중에 맞추는 삶을 살아가려고 했다면 절대로 성공하지 못했을 것이다. 자신만의 독특함을 무기로 세상과 승부했을 때 그녀가 꿈꾸던 것을 이룰 수 있었다.

우연히 인터넷을 보다가 프리랜서 작가가 쓴 아래 글을 읽고 다시금 내가 꿈꾸던 특별한 삶(Weirdo)에 대한 확신을 가져본다. 아래의 글을 통해 다시금 그 느낌을 체험했으면 좋겠다. '생생하게 느껴라'라는 의미에서 원문 그대로 실었다. 이해가 안 가면 영어공부 다시 제대로 해야 한다. 이런 정보를 편하게 보기 위해 영어가 필요한 것이니까.

Dare To Be A Weirdo. This Is What Makes You A Unique Limited Edition. (일부 발췌) -Jenny Marshal

http://www.lifehack.org/author/jenny-marchal

We live in a world that tells us we need to stand out from the crowd to be successful, but on the other hand expressing your individualism can be deemed negative; the more you blend in with everyone else, the more compliant and safe your life will be.

You express your individual style, opinions, thoughts and beliefs and you're immediately told by society that you're weird, attention-seeking or eccentric. Trying to be yourself can be a game of judgement and many people don't dare to take that step for fear they'll be judged or rejected for who they really are and this only leads to ultimate unhappiness.

Whether you love her music or not, Lady Gaga has been a pioneer and representation of individuality, creativity and just plain weirdness and does she care? Who knows, we're not inside her head thinking her thoughts, but one thing's for sure - she's not afraid to keep emulating her weirdness and advocates the need to show that weirdness is just our true beauty shining through.

Being a classically trained pianist, Lady Gaga pursued her creative talents to break the music industry but it wasn't easy. At 19, she signed to Def Jam records but not as the wacky-dressed lady we see today. Despite her love of being different, she tamed herself down in order to try and fit in with the record company ideals. After a few months she was dropped, it seemed she wasn't gaining success with her mainstream image. A lesson that compromising on your true self will never truly get you to where you want to be. Would she have been successful without the outlandish costumes and hairstyles? Possibly. Would she have been happy? Possibly not.

Embracing her weirdness and getting back on track lead Lady Gaga to get noticed and landed herself a job as a songwriter for Interscope Records. From then on her success only got better and better. Making the decision to claim back her unique style and with the resilience she built up from negative feedback, she was able to create music in a way she probably only dreamed of.

If Lady Gaga is to teach us anything, it's the importance of accepting ourselves for who we really are. Whatever your journey in life, you can't make the most of each and every positive path without the ability to love yourself. To live a truly happy and successful life, you have to be true to yourself, ignore the naysayers and the criticisers and be pleased with the person you are. Happiness can't be found outside of yourself, it can only come from within and it all starts with accepting yourself and embracing your unique qualities.

Love her or hate her, Lady Gaga represents hope and inspiration for many of her fans and shows that we're all unique and weird in our own way. Be yourself - be the true weirdo that you are because in reality, there's no such thing as normal.

독자 말고 저자의 삶이 되도록 살아보자

⌄

예전에 '김미경의 아트 스피치' 강연회에 참석했던 기억이 난다. 참석 대상자의 대부분은 현직 강사 신분이거나 아니면 강사를 꿈꾸는 청중들이 김미경 강사의 코칭을 받기 위한 자리였다.

나 또한 어느 순간 강사의 꿈을 꾸게 되면서 퍼스널 브랜딩에 대한 중요성을 인식하던 시기였다. 강연을 듣고 있는 동안 계속 생각되는 것은 다양한 경험을 하다 보니 예기치 않게 에피소드(사연)를 많이 만들며 살아온 나 자신에 대한 고마운 마음이었다.

요즘은 어디 가든 젊음의 혈기가 각광 받는 것 같아 은근히 소외감을 느끼기도 했는데 이야깃거리가 많아졌다는 게 오히려 큰 경쟁력이 된다는 생각에 흐뭇했다.

참석자 중에서 희망하는 사람에 한해서 상담해주는 시간이 있었다. 그중에서 20대 후반의 젊은 여자 분이 한 명 있었다.

중소기업 사장실에서 비서로 일하다가 강사가 되고 싶어서 사표를 쓰고 나와서 '직장 내 성희롱 방지' 교육하는 회사에 취업해서 강사 일을 하고 있는데 본인이 진짜로 하고 싶은 것은 남자 패션에 대해서 강연을 하고 싶다며 진로에 대한 고민을 털어 놓았다.

그때 김미경 선생님 말씀이 이랬다.

"소영씨. 말도 잘하고 얼굴도 예쁘고 다 좋은데 남자 패션에 관련해서 강의를 한다면 소영씨가 잘 할까? 아니면 10년간 패션 코디로 일했던 친구가 그 강의를 더 잘할 가능성이 있을까? 차라리 소영씨는 남자 옷 만드는 공장에 취업을 해. 취업해서 첫날부터 하루하루 남자 패션과 관련된 에피소드를 만든다는 생각으로 10년만 다녀봐. 그냥 목적 없이 다니는 사람보다 훨씬 넓고 깊은 다양한 소재를 만들어 낼 수 있을 거야. 그 회사를 다니면서 강연을 준비하고 기회가 되면 강의를 시작해 보는 것은 어떨까?"

엄청난 감동으로 나는 받아들였다. 본인이 관심이 있고 조금 아는 정도의 지식을 가지고 책을 쓰고 강연을 하는 것이 불가능한 일은 아니다. 하지만 관심과 지식이 본인의 경험을 통해 더 깊고 넓은 소재로 승화된다면 예전과는 비교도 안 되는 책을 그리고 강연을 할 수 있을 것이다.

또 다른 사례도 있다. 〈창업 멘토 구하는 법〉이란 소재로 강의를 하는 대한청년지원센터의 20대 고성호 대표의 경우다.

밝은 미소와 활기참으로 청춘의 에너지가 느껴지는 기분 좋은 강의가 시작되었다. 하지만 경험도 부족한 젊은 청춘이 어떻게 멘토링을 할 수 있을까 의구심을 가지고 지켜봤다.

하지만 의외로 대학을 진학하는 과정부터 군대생활, 그리고 제대 후 온실 속의 화초 같은 삶을 탈피해서 부모님의 도움 없이 홀로서기를 한 고군분투는 진정성을 담고 있어, 예전 20대의 나를 떠올리며 재미있게 들었다.

'실전'으로 창업을 바로 시작했던 나와는 다르게 그는 대담하게도 100명의 멘토를 만나는 프로젝트를 감행했다. 고대표는 실천적으로 멘토들을 만나서 이야기를 듣고 상담을 받으면서 100명의 CEO들의 '마인드·행동·습관'을 자연스레 습득하면서 실전적 깨달음과 인맥을 형성하게 되었다.

그래서 그는 젊은, 혹은 창업을 시작하는 사람들에게 멘토의 중요성을 알려주고, 자신의 경험을 살려서 강의하고 코칭하면서 '멘토 찾는 법'이란 새로운 교육 화두를 이끌어낸 경우이다.

책을 쓰는 것, 혹은 강연을 하는 것 모두가 자신의 삶을 풀어내는 에피소드의 양과 질에 따라서 그 결과물이 엄청 달라지는 일이기 때문에 끊임없이 에피소드를 통한 깨달음을 축적시키고 업데이트 해 나가야 한다.

경험하지 못한 이야기를 아무리 자기 것처럼 표현해 낸다고 해도 직접 경험한 사람 이야기는 따라갈 수 없는 법이다.

아무리 호랑이가 무섭다고 설명을 잘 하는 사람이 있다고 해도 그 사람은 동물원 우리 안에 갇혀있는 호랑이를 보고 표현했다고 한다면 산속에서 직접 호랑이를 만나서 죽을 뻔했던 사람이 표현하는 '호랑이의 무서움'을 당해내지 못할 것이다.

막연히 나이만 먹는다고 해서 강사의 꿈에 가까워지는 것은 결코 아니다. 그 세월 속에서 얼마나 진정성 있게 살아냈는지, 그 삶의 깊이와 경험이 깨달음으로 남았을 때만 가능한 일이라고 생각한다.

그 깨달음이란 다른 것이 아니다. 그건 직업을 직업으로만 인식하지 않고 자신이 갖고 있는 모든 역량을 다 바쳐 최선을 다했을 때만 얻을 수 있는 삶의 보너스 같은 것이다.

하루하루 살아가는데 있어서 통찰력 있게, 관심을 가지고 바라보면 새롭게 깨닫는 것들이 생겨난다. 글을 쓸 때 좋은 점들 가운데 하나는 평소 쉽게 지나칠 수 있는 소소한 것들에 관심을 갖게 된다는 것이다.

사람은 보고 싶은 것만 보이고, 관심 갖고 있는 것만 들린다.

하루에 비즈니스 아이템을 10개 찾겠다고 눈을 크게 뜨고 다닐 때는 끊임없이 비즈니스가 눈에 들어온다. 하나님을 묵상할 때면 깨달음과 교제와 평안이 나를 사로잡는다. 한동안 목적 있는 글들을 쓰다 보니 생활 속 소소한 깨달음을 놓치고 살아왔다는 후회가 있었다. 분야나 나라, 혹은 상황이 다르다 할지라도 극과 극은 깨달음으로 통한다.

깨달음이 많아져서 함께 공감하고 나눌 수 있는 삶을 살아보자. 세상에 대한 지금의 노력과 힘듦을 온전히 기록해서 그 기록을 책으로

출간해 본다고 가정해보자.

그 책 속에 표현될'그 기록대로 멋지게 살아내 보는 거야'라고 상상
해보면 지금 우리가 숨 쉬며 살아가는 이 순간이 너무도 소중하고 최
고의 순간이 될 수 있을 것이다.

사마유흥 사마무망

⌄

일산 백마부대 포병으로 군인생활을 하고 있는 조카가 휴가를 받아 일등병 계급장을 달고 군기가 잔뜩 들어간 눈빛을 한 채 커피숍에서 나를 기다리고 있었다. 어린 나이부터 컴퓨터를 잘 다루어서 자격증도 가지고 있고, 교회 내 방송실 일도 도맡아서 처리할 만큼 똑똑한 조카인데 지방대학을 다니다가 군 입대를 한 것은 7개월 정도 되었다.

고등학교 시절에는 열심히 신앙생활을 하던 착한 조카는 대학에 진학하고는 대학문화와 술에 취해서 새로운 세상 재미에 빠져 버렸다. 그 영향인지 군인이 되어 휴가만 나오면 술친구를 찾았다.

조카에게 어떤 조언을 해 주는 게 좋을지 고민했다. 삼촌으로써 장황한 잔소리로 그치는 것이 아니라 정말 조카의 입장에서 실제로 도움이 될 만한 맥을 짚어주고 싶었다.

내가 지금까지 살아오면서 이 시기에 조카에게 남길 수 있는 최고의 조언은 과연 무엇일까?

다음의 3가지 요소를 갖추어 경쟁력이 넘치는 인물로 살았으면 좋겠다.

첫 번째는 사마(사업가적 마인드)를 키워라.

세상에는 사마를 가지고 있는 사람과 사마가 없는 두 부류의 사람이 있다. 그래서 '사마유흥 사마무망'의 원리가 꼭 적용된다.

사마를 가지고 있는 사람은 흥하고 사마를 가지고 있지 않으면 망한다는 조금은 과장된 표현이지만, 삶의 현장에서 사마가 주는 성과는 정말 굉장하다.

굳이 사업을 하지 않더라도 사마를 가진 직원은 그 회사에 꼭 필요한 존재가 될 수밖에 없다. 단순히 주어진 업무를 묵묵히 감내하는 것이 아니라 '사장 입장'에서 바라보고 일을 처리한다면 효율은 높아질 수밖에 없다.

물론 이러한 사업가적 마인드가 아무리 좋다고 해도, 어떻게 사마를 키울 수 있을까에 대한 해답이 없다면 공허한 메아리 밖에 되지 않는다. 나는 사업가적 마인드를 키우기 위한 두 가지 실천방법을 제안한다.

1. 자기 계발서를 100권 이상 읽어라.

'자기 계발서'의 독서를 통해 성공한 사람들의 열정과 성공의 습관들이 전이되는 경험이 절대적으로 사마를 키우는데 필요하다. 또한 여러 삶의 방향과 지표, 그리고 트렌드를 알게 됨으로써 삶이 변화하는 놀라운 효과가 있다.

2. 하루에 2가지 사업 아이템을 선별하여 리스트를 만든다.

하루에 2개씩 주말 빼고 5일간, 일주일에 10개의 아이템을 발굴해 낸다는 것은 적당한 노력으로는 성취하기 어려운 목표이다. 하지만 순간순간 아이템을 바라보고 듣고 찾다보면 자연스럽게 사마가 형성 된다. 그렇게 꾸준히 쌓아간 습관이 1년이면 520개의 아이템으로 무 장한 비즈니스 개발자로 거듭날 수 있는 기틀이 된다.

사업가적 마인드는 세상을 바라보는 관점을 바꾸어 전체를 아우르 는 통찰력과 깊은 사고, 과감한 실천을 가능케 하는 최고의 무기이다.

두 번째는 온·오프라인 마케터가 되라.

사전에 나와 있는 마케팅의 정의는 '생산자가 상품 또는 서비스를 소비자에게 유통 시키는데 관련된 모든 체계적 경영활동이다.'라고 나와 있다. 전반적인 사업가적 마인드를 가진 상태에서 전체를 아우 르는 최고의 경영활동이 마케팅인 것이다.

요즘 많은 현대인들이 SNS를 한다. 페이스북, 인스타그램, 카카오 스토리, 밴드, 카페, 블로그 등 수없이 다양한 매체를 통해 사회적 네 트워킹을 하고 있다. 목적에 따라 다르긴 하겠지만 그런 SNS에도 친구 숫자나 '좋아요'의 숫자를 최대한 늘릴 수 있는 사람이 마케팅을 잘한다고 표현할 수 있다. 남이 많이 볼 수 있도록 잘 포장하고 내용도 잘 갖추고 상호 반응도 잘 해야만 이를 이룰 수 있는 일이기 때문이다.

이렇게 접속자의 선호도는 개인의 마케팅 활용능력에 대한 척도가 되기도 하지만, 이것은 보다 용이하게 수익모델로 발전시킬 수 있는 잠재적 가능성의 지표이기도 하다.

예를 들자면 페이스북에서 인기 있는 '오늘 뭐 먹지?'란 콘텐츠가 있다. 매일 반복되는 일상의 식사에서 뭔가 새로운 것을 찾는 사람들에게 괜찮은 메뉴를 추천해주는 포맷으로 그 유용한 자료들 가운데는 광고비를 받고 소개되는 메뉴도 숨겨져 있다.

우리가 무심히 보는 그 맛깔스러워 보이는 음식의 동영상 중에는 600만원이라는 적지 않은 광고비를 지불해야 만들어지는, 사실상 광고가 포함된 것이다.

과거에 문전성시를 이루던 오프라인의 매장이 있었듯이 이 시대에 인기 있는 SNS를 운영한다는 것은 과거의 그것과 유사하다.

사람들이 많이 모이는 야구장, 공연장 등에 광고 스폰서가 따라다니듯 비록 개인이지만 많은 사람들을 방문하게 만드는 콘텐츠를 개발하는 건 그처럼 수익으로 연결될 수 있는 사업인 것이다.

그렇게 온라인상에서 사람을 모을 수 있는 힘이 바로 온라인 마케터의 역할이다. 마케팅을 이해하고 온·오프라인 마케터의 능력을 기르게 된다면 세상에 두려울 것 하나 없는 최고의 무기를 손에 쥐는 것과 같다.

세 번째는 영어를 마스터하라.

사업가적 마인드와 마케팅 능력만 갖추더라도 세상을 살아가는 데 있어서 충분히 경쟁력을 갖고 경제적 자유를 누리며 살 수 있는 세상이다. 하지만 그야말로 글로벌 시티즌이라는 말이 실감나는 이 시대에 영어 실력은 선택이 아닌 필수다.

기술의 발달은 국가의 경계도 무너뜨리지만 그 기술은 번역기라는 것도 만들어 냈다. 더러 기술이 모든 언어를 통역해줄 텐데 영어를 익히는 것이 왜 필요하냐고 반문할지도 모른다. 그러나 언어라는 것은 '지시'의 문제가 아닌 '소통'의 문제다.

우리는 소통을 해야 한 인간을 이해하고 나와 다른 문화에 공감할수 있기 때문이다. 앞서 말한 사업가적 마인드의 통찰력이란 바로 이런 이해와 공감에서 성장하는 것이다.

대학을 졸업하기 위해 혹은 직장에 들어가기 위해서도 필수가 되어버린 영어를 마스터하고 싶지 않은 사람은 없을 것이다. 끊임없이 영어공부를 다양한 방법으로 하고 있으면서도 영어로 인해 가장 스트레스를 많이 받기도 한다.

그렇다면 어떻게 하면 영어를 쉽게 원하는 실력으로 갖출 수 있을까? 먼저 막연하게 영어공부를 하고 있을 것이 아니고 어떻게 영어를 공부해야 가장 효율적인지 고민해야 한다.

한국인이 영어를 위해 할애하는 시간의 절대량으로 보자면 우리의 영어 능력은 어느 나라 못지않게 탁월해야 하는 게 인지상정이다. 그러나 현실은 다르다.

어떻게 바꿔야 할까? 그 기본 개념은 특별한 것이 아니다. 수준에 맞지 않는 어려운 독해와 문법에 목숨을 걸었기 때문이라고 생각한다. 간단히 표현한다면 듣기, 말하기, 읽기, 쓰기로 방향 전환이 이루어져야 한다. 바로 '방법'의 문제인 것이다. 이러한 결론이 이미 많은 사람들로부터 검증이 되어가고 있다.

영어학자급의 어려운 문법일랑 대충 배우고 '듣기, 말하기, 읽기, 쓰기'에 집중하자. 어느새 영어를 유창하게 하는 자신을 보게 될 것이다.

커피숍에서 조카에게 열심히 설명했던 내용들이다. 눈이 반짝반짝해지면서 관심을 나타내는 조카를 위해서 좀 더 구체적이고 체계적으로 설명해주고 싶은 마음이 간절해진다.

치열한 삶의 현장에서 무모하리만치 몸으로 부딪쳐서 수많은 피(?)를 흘려가며 얻어낸 팁 정도이지만 조카에게 들려주듯 이 글을 읽는 모든 이에게 미흡하나마 도움이 되고 싶다.

글을 정리하다 보니 20대 청춘에게만 해당되는 내용이 아니라 나이와 관계없이 새로운 인생을 꿈꾸는, 혹은 창업을 준비하는 모든 이에게 필요한 글이 될 것이라는 확신이 선다.

제3장

이것이 미래를 앞서가는 비밀병기다

CEO 마인드로 세상을 바라보자

⟍

6개월 동안 급여를 지급하며 회사 쇼핑몰 사이트를 제작하던 직원이 약속한 D-day에 작업이 완료되었다고 보고했다. 그때 쇼핑몰을 보지 않고 직원에게 말했다.

"쇼핑 사이트가 완성되었다고 결과물을 가져왔으니까 이젠 직접 사이트를 운영해서 이익금을 6개월 동안 전부 네가 가져가라. 대신 월급은 없다. 그 후에는 이익을 나누는 것으로 나랑 계약을 해보는 것이 어떠냐?"

"……(묵묵부답)."

직원은 약속한 시간에 쇼핑몰 사이트를 완성했다고 가져왔다. 직원의 관점에서는 사이트가 완성된 것은 맞지만 사장의 관점에서 보면 완성본이라 판단하기엔 아직 부족한 부분이 너무 많았던 것이다.

사업가적 마인드는 언제 어디서나 누구에게나 적용되는 마음가짐이다. 현재 직원이라고 할지라도 사업가적 마인드를 가진 직원이라면 자신의 눈으로 처해진 상황을 바라보지 않고 사장의 마음가짐을 갖고 바라본다. 직원의 입장에선 월급을 받았으니 만드는 것까지의 업무는 하되, 그 결과는 책임지지 않아도 된다는 마음이니 그 목적에 부합되기에는 완성도가 떨어지는 것을 만들 수밖에 없다. 그 직원에게 쇼핑몰로 직접 돈을 벌고 월급이 나가지 않는다는 제안을 했을 때 당황하는 기색이 역력했다.

다음날 다시 찾아온 그 직원의 말은 이랬다.

"사장님. 사이트를 직접 운영한다고 입장을 바꿔보니까 보강해야 할 게 너무 많네요. 저는 그냥 월급 받으면서 보강하는 게 나을 것 같아요."

패트릭 맥기니스의 '나는 직장에 다니면서 12개의 사업을 시작했다'는 책에서 이런 이야기들이 나온다.

"대부분의 기업은 직원에게 사업가적 사고방식을 요구한다. 사회가 급속도로 바뀌는 만큼 회사의 성장을 이끌어 낼 새로운 사고와 창의적인 리더십을 갖춘 인재를 원하는 것이다."

"진짜 사업가처럼 사고하려면 훈련과 교육을 반복하는 것보다 직접 해 보는 편이 훨씬 효과적이다."

사업가적 마인드는 간단히 말하면 '사업을 하는 사장의 입장으로 관점을 바꾸어서 생각하는 것'을 의미한다.

'사장의 입장으로 생각하는 것', 즉 사업가적 마인드를 세 가지로 분류를 해보자면, 첫 번째, 부분을 보고 판단하는 것이 아니라 전체를 바라볼 수 있는 시각, 다시 말해 주인만이 보이는 시각을 가져야 한다.

사장의 눈에 보이는 것들이 직원의 눈에 안 보이는 것은 그런 이유이다. 부분에 주목하고 전체를 커버하지 못하면 절대적으로 성공할 수 없는 살벌한 시장 환경에 놓여있기 때문이다.

회사가 발전하기 위해서 무엇이 필요할까 고민하고, 아이디어를 적용해 보고, 불필요한 부분을 제거해 나가는 전 과정을 통해서 자신이 성장하고, 회사가 발전하는 것들을 볼 수 있다. 그래서 직원은 퇴근하면 모든 것을 잊을 수 있지만, 사장은 24시간 끊임없이 회사와 관련된 생각을 하고 있는 모습을 볼 수 있다.

물론 모든 사장이 그런 것도 아니고, 모든 직원이 그렇지도 않다. 하지만 사업가적 마인드를 가진 사장은 분명히 그러한 과정을 통해서 발전하고 성장한다. 또한 직원이면서도 사업가적 마인드를 가지고 주인의식으로 무장된 사장 같은 직원이 되면 분명히 뭔가 다른 '인물'로 성장할 가능성이 높다.

어디서든 훌륭한 CEO가 된 많은 사람들의 지난 과거를 보면 일반 직원하고 다른 뭔가가 있었던 '인물'이었다. 난 그 부분을 일명 '주인의식'으로 대변되는 '사업가적 마인드의 인물'로 평가한다.

두 번째는 수동적이고 피동적인 태도가 아니라 적극적이고 주도적인 태도를 나타낸다.

무엇을 먹든지, 누구를 만나든지, 어떤 책이나 영화를 보든지, 텔레비전에서 무엇을 보든지 비즈니스적 측면에서 생각을 해보는 것을 의미한다.

누구든 남이 시켜서 하는 것은 즐겨 하지 않는다. 그럼에도 불구하고 대부분이 남에게 시킴을 당하는 삶을 영위하는 것은 타이밍과 노력의 유무에 있다. 조금만 먼저 상황을 파악하고 먼저 처리하는 사람에겐 시킴을 당하는 상황이 현저히 줄어든다. 그 위치가 직원이든, 학생이든, 집안에서 어떠한 위치든지 말이다. 그런 타이밍을 앞서가기 위해선 필요한 게 노력이다.

항상 '왜?'라는 이유를 계속 묻고 있다 보면 단순한 반복적 행동을 하기 전에 사업가적 아이디어를 얻을 수 있다. 주변 사람들의 단순하고 반복적인 행동을 자신의 사업으로 접목시키는 수많은 사업가가 있다는 사실을 잊지 말아야 한다.

베스트 맛집 10선에, 자기가 경영하는 식당이나, 홍보비를 받고 하나 끼워 넣는다고 해서 엄청나게 불법을 자행하는 것이 아니다. 시중에 저작권(copyright) 없는 수많은 명언으로 회원을 수 만 명 만들어놓은 사업자는 그 회원의 파워를 통해 돈을 버는 시대이다.

딱 2년 만에 직장을 다니면서도 하루 매출 1억을 올리는 "퀸즈 안젤라"가 있다. 단순한 SNS를 통해서도 사업가적 마인드를 접목시키면 생각지도 않은 사업이 가능한 것이다. 예전처럼 돈으로 사업하는 시대가 아니라 아이디어로 승부하는 시대다.

마지막으로 사업가적 마인드는 왕성한 호기심과 실행력에 달려 있다.

관심을 갖고 세상을 바라보면 기존과 다른 또 다른 세상을 경험한다. 그 시작은 관심과 관찰에 있다. 관심과 관찰을 갖고 세상을 살아가다 보면 자신만의 스토리가 생겨난다. 의미를 부여하고 스토리를 만들어 표현해 내는 것이 스토리텔링이다.

사과는 어디를 가든 팔고 있는 흔한 소재이지만 시골에서 묵묵히 50년간 한 우물을 파듯 사과 농사만 짓고 계시는 아버님의 성공과 실패, 어려움과 고달픔 끝에 찾아오는 만족 등을 글로 표현하면 스토리가 생긴다. 이런 스토리가 있는 '아버지의 사과'는 세상에 하나밖에 없는 의미 있는 '사과'로 변신하는 것이다.

그런 스토리텔링이 있는 삶을 살아가기 위해선 세상에 대한 관심과 관찰이 필요하다. 그것의 시작은 호기심이다. 그리고 그런 호기심을 관심과 관찰로 행동하고 그 속에서 스토리를 만들어 내는 것은 스토리텔러의 몫이다.

이런 스토리텔러가 사업가적 마인드로 무장했을 때 단순한 호기심과 실행력은 사업으로 승화된다.

회사 웹사이트를 만들었던 그 직원이 진짜 사업가적 마인드로 회사의 웹사이트를 만들었다면 어떻게 되었을까? 주인의식과 전체를 아우르는 시야를 가지고 효과적으로 협력하며 그 사이트를 완성했다면 그 직원은 단순히 평범한 직원 중의 하나가 아닌 동반자가 되었을 것이다.

수동적으로 사장이 시키는 일을 하지 않고 적극적, 주도적 역할을 했다면 끝까지 함께할 동지가 되었을지도 모른다.

웹사이트를 만드는 데 있어서도 기술적인 완성도만이 아닌 의미 있는 스토리텔링의 웹사이트를 만들었다면 그냥 사라지는 사이트가 아니라 많은 사람들에게 기억될 최고 사이트 중의 하나가 되었을지도 모른다.

사업가적 마인드는 비단 비즈니스 세계에서 뿐 아니라 생활 전반에 걸쳐 다양한 분야에 적용이 되는 시대가 요구하는 마음가짐이다. 끊임없이 자신을 돌아보고 사마를 품고 세상에 부흥하는 최고의 인물로 거듭나길 기대해본다.

온라인 마케터가 되라

ㅡ

난 카카오스토리를 한다. 가끔 좋은 명언이 있는 카스를 보고 친구 신청도 하며 친구를 늘려왔다. 가끔 이 사람들은 왜 명언만 이렇게 쓰는 카카오스토리를 운영할까 의문을 가졌다. 그런데 그런 수고가 댓가 없는 막연한 봉사가 아니라 친구 숫자를 높이기 위한 하나의 도구였다는 사실을 알고 문화 충격을 받았다.

맛집을 찾기 위해 들어가는 페북의 '오늘 뭐 먹지'에 나오는 맛집이 실상은 진짜 맛집이 아니라 몇백만 원의 광고비를 내고 맛집으로 둔갑되어 있다는 사실을 알게 된 것이다.

보이는 게 전부가 아니라는 사실을 다시금 깨닫는다.

저작권이 없는 명언을 공급해주면서 몇십만 명의 친구를 만들어놓은 SNS채널은 여러 이익의 잠재성(포텐)을 만든다.

구글의 애드센스를 달게 만들어 광고비를 만들 수도 있고 앱을 만들어 또 다른 수익을 창출할 수도 있고, 공동구매 방식으로 상품판매를 대행해 수익을 만들기도 한다.

오프라인의 세상처럼 목 좋은 곳을 임대해서 좋은 상품을 판매하는 것이 아니어도 자본금 없이 새로운 방식으로 돈을 벌 수 있는 세상이 도래한 것이다. 온라인의 세계도 끊임없이 변화하고 발전하고 있다. 예전 'G마켓'이나 '11번가' 같은 오픈마켓에서 성공하는 사례도 있지만 요즘은 SNS를 통한 채널 확보가 더 중요한 흐름이 되었다.

폐쇄적인 카카오스토리는 전 국민 5천 5백만에서 2천 2백만 명의 회원 확보를 했지만 계속적으로 회원 숫자가 줄어들고 있다.

오픈형 페이스북이 새로운 대안으로 떠오르며 연령대가 높아지고 있다. 한참 인기를 끌던 페이스북의 경우, 젊은 층의 이탈이 인스타그램으로 이어졌다. 하지만 페이스북에선 한 발 앞서서 인스타그램을 인수해서 인스타와 페북의 동시적 성장을 만들었다. 정말 세상이 페이스북과 구글의 지배력 안으로 재편성된다는 이야기가 나올 정도이다.

페이스북의 경우 2016년 10월부터 12월까지 3개월의 매출액이 88억 1,000만 달러(10조 2,000억 원)를 기록해 1년 전 같은 기간보다 약 51% 증가했다고 월스트리트 저널에서 전했다.

이 기간 페이스북의 순이익은 36억 달러(약 4조 2,000억 원)로 1년 전보다 128% 증가했다. 2017년 7월에 페이스북 이용자가 20억 명에 달한다고 하니 정말 놀랍다.

오픈마켓의 수수료가 현재 15% 내외인데 페이스북에선 수수료를 전혀 받지 않고 판매할 수 있는 기능을 장착해서 이미 미국과 몇 개 나라에서 시행 중이다. 곧 한국도 적용된다고 하니 얼마나 또 많은 시장의 변화가 일어날지 궁금해진다.

중국에서 의류공장을 운영하던 지인은 사드로 인해 파장이 커지면서 한국으로 돌아왔다. 그리고 그 대표가 했던 첫 번째 일은 온라인 마케팅 관련 교육을 받는 것이었다.

교육을 마치고 결국 모든 온라인의 해답은 SNS의 채널 확보에 있다고 판단하고 카카오 채널을 오픈했다. 그리고 카카오 채널 오픈 첫 달에 천만 원의 광고비를 투입했는데 매출이 4천만 원이 나왔다. 동일한 방법으로 총 광고비 2천 5백만 원을 투입해서 한 달 만에 1억 매출을 올렸다.

효과가 있다고 생각하니 카카오 채널에만 18개 개설을 목표로 진행을 하면서 의류 시장에 빠르게 진입했다. 역시나 온라인 시대가 대세라는 것을 보여준다.

최근에는 카카오의 오픈 채팅방을 통해 같은 관심을 가진 업체 관계자들을 모아서 함께 협업하는 시스템이 활용되고 있다.

일주일 만에 유통업체 대표 1,500명을 온라인에서 모으고 오프라인 모임으로 전환시켜 엄청난 정보교류의 장을 짧은 시간에 만들고 있다. 온라인과 오프라인이 동시에 공략되면서 사업체 간의 정보교류를 통해 협업이 이루어지고 이런 협업이 국내 유통뿐만 아니라 해외

수출까지 연결되면서 엄청난 파급력을 일으키고 있다.

　몇 년 전만 해도 다른 유통업체 1,500명을 만나고, 협업을 하려고 했다면 몇 년이 걸릴지 몰랐지만, 지금은 단 일주일 만에 그것이 가능해진 시대에 살고 있는 것이다.

　그렇다면 온라인의 중요성을 인식하고 그 속에서 성장하고 활용하고 이익을 창출하는 비즈니스를 만들기 위해서는 어떻게 해야 할까?

　일단은 페이스북에서 개인 계정을 활성화 시키는 것이 중요하다. 또한 동영상에 친숙해져야 한다. 텍스트 위주의 시대에서 카드 뉴스로 이동하던 흐름이 지금은 동영상으로 포맷이 바뀌어졌기 때문이다.

　2017년 상반기 국내 동영상 광고시장은 전년 대비 40% 성장하며 디지털 광고시장의 성장을 이끌어가고 있다. 광고비 분석을 통해서만 보더라도 유튜브와 페이스북, 두 회사가 전체 국내 동영상 광고비 시장에서 67%나 차지하고 있다. 시장의 흐름을 파악하며 동영상 활용성을 높이면서 자신만의 SNS 채널을 키우는 것이 중요하다.

　자본력이 있다면 광고비 투여를 통해 회원 숫자를 빠르게 늘릴수 있지만 그렇지 않을 경우 시간을 투여해서 자신만의 채널을 키워나가야 한다. 또한 오픈 채팅룸을 잘 활용해서 같은 관심을 가진 사람들과의 교류를 통해 최근 시장 동향을 파악하고 정보를 흡수할 수 있다. 또한 온오프믹스 같은 스타트업을 잘 활용해서 온라인 교육을 자주 받아보는 것도 친숙해져 가는 과정일 수 있다.

　본인의 채널이 안정적으로 자리를 잡으면 자체개발상품이나 기성 제품의 유통은 너무 쉽게 이루어질 수 있다.

OEM이나 ODM 방식을 활용해서 제조를 해줄 수 있는 제조사는 넘쳐난다. 무역에 대해서도 기본적 지식을 습득해놓고 온라인을 활용해서 국내 유통과 해외 진출의 연결고리를 확보하게 되면 예전보다 훨씬 용이한 방법으로 사업의 방향이 결정된다.

시대는 끊임없이 변화하고 있다. 예전보다 과학기술이 발달할수록 발전의 속도는 상상 이상으로 빨라지고 있다. 아무것도 하지 않는다면 아무런 변화가 없다. 시장의 흐름을 직시하고 준비하고 적용하는 시도를 하다보면 트렌드를 알게 되고 그 중심에 서게 된다면 성공확률이 높아지는 메커니즘을 활용하는 것이다.

철밥통을 꿈꾸며 공무원 시험을 준비하는 노력으로 시대를 파악하는 노력에 동참하게 된다면 풍요와 안정은 수동적으로 주어지는 게 아니라 능동적으로 만들어 낼 수 있는 시대에 살고 있다는 사실을 인식했으면 좋겠다.

끊임없이 시대는 변하고 있고 IT가 발달된 지금은 더더욱 온라인과 오프라인이 상호보완 작용을 하면서 시간적 개념을 바꿀 만큼 빠른 속도로 변모하고 있다. 분명한 것은 조금만 신경 쓴다면 다가오는 4차 산업시대에 사라져 가는 직업군에 속해 방황하는 미래가 아니라 앞선 정보로 워라벨(Work & life Balance)을 맞추는 삶을 누리게 될 것이다.

페이스북 마케팅은 기본이다

ㅡ

　온라인으로 승부를 본다고 생각한다면 먼저 고려해야 할 것은 많
은 SNS채널 가운데 어떤 것을 선택해야 하는가에 대한 문제이다. 일
반적으로 SNS 가운데 페이스북, 인스타그램, 카카오스토리, 유튜브,
카카오 채널, 밴드, 블러그, 오픈채팅방 등 다양한 분야의 SNS가 있다.
또한 물건을 판매하는데 있어서는 네이버 스마트스토어가 절대적인
비중을 가지고 있으면서 여러 오픈채널(11번가, G마켓, 옥션, 쿠팡, 위메프
등)에서 판매가 이루어지고 있다.

　너무도 다양한 루트가 있기 때문에 엄두가 안 날수도 있고 그것들
에 매달리다가 본질적인 사업에 시간 부족 현상에 직면할 수도 있는
상황이다.

　하지만 이 모든 것들 가운데 기본이 되는 채널을 선택해야 한다면
페이스북을 먼저 활용하라고 추천하고 싶다. 폐쇄성이 강한 카카오

스토리가 전체적으로 유저 숫자가 많이 줄어들고 있고 오픈성이 강한 페이스북이 전체적으로 다양한 연령대를 커버하면서 가장 많은 사용자가 현재 이용 중에 있다.

또한 젊은 층에서 일어나고 있는 인스타그램으로의 집중도에 있어서도 페이스북에서 미리 인스타그램을 인수함으로서 페이스북과 인스타그램의 공동라인을 취하고 있어서 페이스북 하나만 먼저 집중한다고 해도 인스타그램의 활용도의 기본은 먼저 취할 수 있는 상황이다.

페이스북은 크게 프로필, 페이지, 그룹 그리고 광고의 네 가지 요소로 구성된다.

프로필은 개인용이고 페이지는 기업전용 페북이다. 그룹은 일종의 카페 같은 역할이고, 광고는 페북이 자랑하는 실질적 전달력을 높이는 장치이다.

페이스북을 시작하는 데 있어서의 기본은 프로필을 활용해서 개인 퍼스널 브랜딩을 구축하는 데 있다.

최대 5,000명의 친구를 구성할 수 있는데 전략적으로 접근해서 친구의 숫자를 늘리는 게 가장 중요하다. 구축된 프로필의 친구를 활용해서 기업 용도의 페이지를 활성화 시켜 사업적 이익창출을 만드는 데 있어서도 프로필의 친구는 중요하고, 자연스럽게 초청이 가능한 페이스북의 그룹에 있어서도 마찬가지로 적용되기 때문이다. 그래서 프로필에서의 친구 숫자를 늘리는 것은 페이스북을 활용하는 데 있어서 가장 중요한 요소이다.

그럼 어떻게 친구의 숫자를 늘릴 것인가?

첫 번째는 프로필의 사진과 설명 그리고 게시물의 콘텐츠를 어떻게 잘 표현해 낼 수 있느냐가 관건이다. 본인의 전문성과 신뢰 그리고 PR의 기본을 프로필에서 드러내야 한다. 하지만 상업적인 목적을 갖는 글이나 사진은 철저히 배제하고 인간적인 모습으로 접근해야 한다.

페이스북에서는 상업적인 목적성을 가진 글이나 광고는 페이지를 통해 더 철저히 표현해 낼 수 있게 만들어 놓았다. 따라서 프로필에서는 인간적인 강점과 활동, 그리고 생각들을 보는 사람들로 하여금 관심과 신뢰를 구축할 수 있는 기본을 제공하는 데 가장 집중해야 한다. 결과론적으로 무슨 일을 하는 사람임을 표현해 내는 것이 과정적으로 무슨 일을 하기 위해 어떻게 살아내고 있는지를 보여주어야 한다.

그런 콘텐츠의 기반 아래서 적극적으로 친구 신청을 해야 한다. 친구 신청은 1,000명까지 할 수 있는데 나중에 만들 페이지(기업전용)에 타켓을 두고 관심을 가질만한 대상자를 찾아서 친구 신청을 전략적으로 해야 한다.

방법적인 면으로는 경쟁업자 혹은 업체의 친구 목록을 찾아서 집중적으로 친구 신청을 하는 경우가 가장 쉬울 수 있다. 단순 친구 목록에서 신청을 하는 것이 아니고 댓글을 쓴 사람 중심, 혹은 '좋아요'를 누른 친구 중심으로 친구 신청을 하는 것이 바람직하다.

페이스북에서 '좋댓공(좋아요, 댓글, 공유)'을 잘 하는 사람이 친구가 되는 것은 그 무엇보다 중요한 자산이 되기 때문이다.

프로그램을 통해서나 외부 에이전트를 통해서 친구 숫자를 사는 경우도 있는데 그럴 경우 숫자는 늘어나지만 실질적인 효과가 전혀 없는 경우가 너무 많기 때문에 그런 방법보다는 직접 한 달 정도 집중해서 친구신청을 해보면 5,000명의 친구 만들기가 그렇게 어렵지는 않다. 물론 전략적으로 집중해서 친구 숫자를 늘렸을 때만 가능한 일이기도 하다.

페이스북에 가장 큰 장점 중의 하나는 광고에 있다. 타켓 광고가 가능한 지능적인 기능들을 가지고 있어서 5천 명의 프로필 친구를 확보한 이후에 페이지를 통해 광고나 전달할 내용들을 잘 만들어놓은 상태에선 적은 광고비를 가지고도 효과적인 광고를 할 수 있도록 잘 만들어져 있다.

특별히 타켓 광고는 관심도 없는 불특정 다수에게 아무리 많은 광고비를 들여서 광고를 해 본다 할지라도 효율 면에서 떨어질 수밖에 없는 광고를 배제한다. 그리고 실질적으로 관심을 가질만한 타켓을 연령별, 성별, 지역별, 관심사별 분류를 통해 효과적 타켓을 공략하는 방식이다. 페이스북은 이러한 타켓 광고에 대해서 너무나 훌륭하게 원하는 목적으로 취득하도록 설계되어 있다.

최근 타켓광고에 있어서도 프로그램이 개발되어 타켓설정을 자동적으로 취합시켜 큰 노력 없이 더 효율적으로 타켓에게 광고가 전달

되는 방법까지 나온 상태이므로 페이스북의 활용은 정말 '기본 중의 기본이다'라고 표현할 수 있다.

또한 페이스북 기능 가운데 이미 미국과 호주 등 다른 나라에서는 '마켓플레이스'라는 기능이 장착되어 페이스북 내에서 직접 상품이나 서비스를 판매할 수 있는 시스템이 도입되었다.

조만간 한국에도 이 시스템이 들어올 예정이고, 수수료가 없는 정책을 시행하고 있기 때문에 페이스북에서의 마켓플레이스는 엄청난 파장을 일으킬 전망이다. 네이버의 스마트스토어의 절대적 선점도 페이스북의 마켓플레이스의 론칭이 어떤 영향을 미칠지 지켜봐야 할 사안이다.

페이스북을 한다고 해서 막연하게 접근하면 엄청난 시간이 소요된다.

똑똑하게 잘 만들어져 있어 SNS 가운데 전 세계에서 가장 많은 인구가 페이스북을 사용하고 있고 그것을 활용해서 사업적 이익을 창출하는 개인과 회사가 생각보다 많다. 하지만 점차 페이스북의 중요도가 알려지면서 다른 채널보다 훨씬 빠른 속도로 이익을 연결하는 개인과 회사가 폭발적으로 늘어나고 있어서 페이스북의 활용은 선택이 아닌 필수요소가 되고 있다.

따라서 페이스북을 개인적 용도가 아니라 사업적 목적성을 가지고 접근한다면 강의나 책을 활용해서 실제적인 기능과 활용을 연구하고, 테스트해서 페이스북의 전문가로 거듭나는 것이 무엇보다 중요하다.

남들과 똑같아서는 남보다 앞설 수 없는 시대이다. 누가 SNS를 몇십만 원, 몇백만 원, 돈을 투자해서 배우는 시대가 올 거라고 상상했겠는가. 그럼에도 아는 만큼 앎 이상의 효과와 이익이 드러나기에 지금 이 글을 읽는 독자들에게 막연한 사용이 아닌 적극적 스터디와 리서치를 통해 한발 앞서는 시대의 프론티어가 되기를 기대해본다.

오픈채팅방을 활용해 새로운 기회를 찾아라

계속해서 SNS를 중심으로 사업 활용도가 높아지고 있는 가운데 여러 SNS채널들이 개발되고 사용되는 일들이 반복적으로 이루어지고 있다. 뭔가 새로운 채널을 만드는 회사의 입장에서는 신규 채널을 론칭하는데 있어서 사용자들이 쉽게 사용할 수 있도록 진입장벽을 낮추고 추가적 혜택을 넘치도록 하면서 사용을 요구하고 있다.

이러한 SNS채널의 히스토리를 잘 살펴보면 공통적 룰이 보인다. 신규 SNS채널이 론칭할 때 노력을 집중하면 완전히 자리 잡은 채널에서의 노력 대비 1/10, 혹은 1/100의 파워만으로도 좋은 위치를 선점할 수 있다는 것이다.

십만 명 회원을 모으는데 기존 채널에서 1년이 걸린다면 신규 채널 론칭시에는 같은 노력으로도 1~3개월 만에 해결된다는 이야기이다.

한국에서 전 국민의 메신저가 된 카카오톡을 운영하는 다음카카오에서 '오픈채팅방'을 개설했다. 기존의 그룹채팅방과는 차별화를 이룬 오픈채팅방은 크게 두 가지 특이한 강점을 가지고 있다.

첫 번째는 오픈채팅방 참여자 사이의 개인톡이 기본적으로 차단되어 있다. 기존 그룹채팅방에서는 특정인이 그룹으로 초청을 해도 공지나 내용을 보자마자 그룹채팅방에서 나가버리는 특성이 있었다. 그 이유는 그룹채팅방에 참여했다는 이유로 알지 못하는 수많은 사람들에게 개인의 카톡이 노출되는 바람에 악용되는 사례가 많았기 때문이다.

두 번째는 방장의 권한을 크게 확대시켜 주었다는 점이다. 오픈채팅방을 개설한 사람은 본인 채팅방에 들어온 사람들을 강제로 추방시킬 수 있는 레드카드 발행의 권한이 생긴 것이다.

기존 그룹채팅방에서는 특정인이 이상한 광고를 한다거나 채팅방을 어지럽히는 카톡을 보낸다고 해도 그 사람을 제재할 수 있는 어떤 권한도 주어지지 않았다. 때문에 속수무책으로 한두 사람의 영향으로 어쩔 수 없이 불편한 채팅방을 사용할 수밖에 없는 단점이 있었다. 하지만 신설한 오픈채팅방에서는 강제적으로 퇴장시킬 수 있는 특성을 가지고 있어서 관리적인 면에서 용이하다.

필자 역시 한국에 와서 오픈채팅방을 접하고 사업에 '날개를 달았다'는 표현을 할 만큼 사용자로서 혜택이 컸다.

예전 같으면 관련 업종 사업체의 사장님을 소개받는 것은 지인을 통해 수소문 끝에 어렵게 만들어진 자리였었고, 그 절차 또한 복잡함이 있었다. 하지만 오픈채팅방을 활용하고 나서는 관련 업체 사장을 만나는 것은 단 몇 분도 걸리지 않는 너무 심플한 일로 바뀌었다.

많은 회사들에서 발 빠르게 오픈채팅방을 활용해서 비즈니스를 영위하고 있다. 일부 인기 있는 오픈채팅방은 최대 수용인원 1,500명(2018년 11월 기준)을 온전히 채우고 있다. 들어가고 싶은 사람은 추천을 받아서 혹시라도 빈자리가 나올 때까지 기다려야 할 만큼 그 인기가 높다.

인기가 높을 수밖에 없는 것은 관련 업체 대표자들이 최대 1,500명이 모여 있다 보니 그 안에 따끈따끈한 현장 정보가 들어가 있기 때문이다.

만약 건강식품 패키징을 하기 위해서 박스제작 업체가 필요하다고 하자. 예전 같으면 인터넷 검색을 통하여 제대로 된 회사가 어떤 회사인지 찾아보고 요청하는 순서를 밟아야 했다. 지금은 오픈채팅방을 통해서 이미 사용했던 사용자의 의견을 듣고 실제적으로 추천할만한 업체를 소개받아서 접근할 수 있다. 대단한 편리함이다.

거래처 개척 또한 오픈채팅방에서 바로바로 이루어진다. 특정 물품의 수입업자로서 도매나 소매를 담당할 업체를 찾는다고 하자. 관련 업체 사람들과 즉시 수많은 컨택이 이루어지고 너무도 쉽게 유통이 이루어지는 것을 체험할 수 있다.

2018년 4월에 처음으로 오픈채팅방에 관련된 강좌가 개설되었다.

강좌까지 개설하면서까지 특별하게도 오픈채팅방을 포커싱하게 된 이유는 다른데 있지 않았다. 적은 숫자임에도 불구하고 사업의 파장성이 워낙 뛰어났기 때문이다.

13만 명의 카페를 만들기 위해 들인 노력에 비해서 너무 쉽게 만들 수 있는 오픈채팅방이었건만 1,000명도 안되는 오픈채팅방이 13만 명의 카페보다 더 큰 파괴력을 낸다면 놀랄 수밖에 없지 않을까 싶다. 그러다보니 해당업체 대표도 사업에 대한 집중도를 10여년 노력해서 만들어 놓은 온라인 카페운영보다 오픈채팅방에 주력하겠다고 선언을 할 정도이다.

"오픈채팅방을 10개 정도 개설할 예정입니다. 분야별 주제를 설정하고 해당 테마에 관련 오픈채팅방을 모두 활성화 시킨다면 월 매출 7억 이상을 기대할 만큼 오픈채팅방에 대한 기대치가 높습니다."

실제적으로 매출로 연결되는 오픈채팅방의 파괴력을 경험한 업체 대표의 이야기이다. 그만큼 신규 SNS채널의 중요도를 이야기해주고 있다.

신규 오픈채팅방을 개설하는 데 있어서 먼저 고려해야 할 것은 오픈채팅방의 테마와 타이틀이다. 이것은 창조적 아이디어도 중요하지만 기존 SNS의 유명세를 활용하는 것도 좋은 방법이다.

카페나 블로그 중에서 인지도가 있는 유명 타이틀을 오픈채팅방에서 먼저 선점하게 되면 새로운 채널에서 신규가 가질 수 있는 최고의 장점을 활용한 것이다.

타이틀을 설정했다면 사람들을 모아야 한다. 많은 사람들이 오픈 채팅방의 장점은 알고 방장으로 방을 개설해보지만 1,500명을 수용할 수 있는 기능에도 불구하고 100명을 넘지 못하고 포기하는 사람들도 많다.

누구나 쉽게 만들어서 수많은 매출이 난다고 하면 그 말은 거짓이나 사기일 가능성이 높다.

필자가 이야기하는 요지는 방향도 알고 중요도도 알았으니, 구체적인 실천방안에 대해 빨리 연구하고 적용해야 한다는 것이다. 그것이 바로 우리들의 몫이다.

여기에서 긍정적인 것은 기존 채널에 비해서 새로운 영역이기 때문에 앞서 말했던 것처럼 1/10 혹은 1/100의 노력으로도 더 빨리 최고의 위치에 정착할 수 있는 장점이 있다는 것이다.

사람을 모으는 방법에 있어서 각자의 노력에 맡긴다는 표현은 너무 무책임한 것 같아서 알고 있는 방법을 몇 개 소개하려 한다.

첫째는 인기 있는 커뮤니티 사이트의 게시판을 활용하는 방법이다. 이 게시판에 사람들이 좋아할 만한 정보를 하나 올리는 것이다. 예를 들면 '사업계획서 양식 54종'을 만들어놓고 그 정보를 이메일을 통해서 보내드린다는 정보를 게시판에 올린다.

물론 본인이 직접 사업계획서를 만들어도 되고, 아니면 정부사이트나 유료사이트에서 자료를 모으면 그렇게 힘들지 않게 정보를 찾을 수 있다.

그런 자료를 게시판에 올리게 되면 관심 있는 많은 사람이 이메일 주소를 보내면서 정보를 받기 원한다. 이메일을 보내주면서 '더 많은 정보를 받기 원한다면 운영하고 있는 오픈채팅방에 참여하시면 된다'는 메시지를 정보와 함께 제공하는 것이다. 그러면 자연스럽게 오픈채팅방에 숫자가 채워지는 매직(magic)을 경험하게 될 것이다.

다시 말해 사람들이 좋아하거나 필요한 정보들을 선정하여 제공함으로써 그들을 자연스럽게 오픈채팅방으로 참여시키는 것이다. 업종별로 필요한 정보 제공으로 관련 있는 사람들만 모이게 되는 장점도 전략의 일환이 될 것이다.

두 번째는 페이스북을 활용하는 것이다. 마찬가지로 페이스북에 정보성 자료를 올리고 타겟 광고를 통해 정보성 자료를 흘려보내는 방법이다.

사업자를 대상으로 마케팅교육을 받고자 하는 대상들을 오픈채팅방에 초대하고 싶었던 한 회사에서 '사업계획서 양식 54종'의 정보를 제공하는 방법으로 페이스북에서 2만 8천여 명의 이메일 주소를 확보했던 케이스가 있다.

처음에는 타겟광고를 병행하려고 생각했었는데 자체적인 반응이 너무 뜨거워서 광고까지 할 필요가 없었다고 한다.

이메일을 통해서 오픈채팅방으로 회원을 유치했고 엄청난 사업적 이익을 창출했다고 한다. 시각을 바꾸어 사람들이 원하는 부분을 건들어 주면 사람들은 움직이게 되어있다.

이런 원리를 잘 활용하게 되어 온라인에서 사람을 움직일 수 있는 능력을 갖추게 되면 할 수 있는 일들의 스팩트럼이 엄청나게 넓어질 것이다. 지금 이 시간 또 어떤 온라인채널이 대세로서 활용되고 트랜드가 되는지 늘 관심을 가지고 남들보다 한발 앞서 활용하는 능력이 요구되는 시대이다.

제4장

기본적으로 익혀야 하는 영어

하루 1시간, 300시간 영어완성법

영어는 만국공통어로 통용되는 글로벌 시대의 가장 대중적 언어로 각광 받고 있다. 카플란 인터네셔널 컬리지의 통계에 따르면 쏟아져 나오는 세계 정보의 85% 이상이 영어로 되어있다고 한다.

필자가 그놈의 영어를 좀 배워보겠다고 16주 어학연수를 호주로 떠났던 시절이 1994년이었다. 군대를 제대하고 바로 떠난 시간이었다. 랭귀지 스쿨에 도착하자마자 레벨 테스트를 거쳐서 수준에 맞는 반 배정을 받았다.

충격적이었던 것은 다름 아닌 '영어'였다. 마냥 어렵게만 느껴졌던 학과목 중 하나였던 영어가 뜻밖의 사건으로 나에게 너무도 친숙한 '수단'으로 다가왔다.

같은 클라스의 스페인 여자가 내게 다가와 영화를 함께 보자고 데이트를 신청해 온 기분 좋은 사건(?)이 생긴 것이다.

그녀와 함께 영화관을 가서 영화를 보고 저녁을 먹고 술 한 잔을 함께 하며 즐거운 시간을 보냈다. 너무 아름다운 영화 속 한 장면 같은 그 그림에서 빼놓을 수 없었던 것이 연습장과 사전 3권이었다.

영한, 한영, 영영사전을 꺼내놓고 연습장에 서로 못 알아듣는 영어 단어들을 써 가면서 서로를 알아가는 시간을 보냈다. 지금은 스마트폰 하나로 다 해결될텐데 말이다.

어쨌건 내게 있어 '영어'는 학문이 아니라 사랑을 위한 수단이었다. 그리고 그 경험으로 영어란, 어려운 아카데미적 언어가 아니라 내 맘을 전할 수 있는 간단명료한 소통의 도구로서 접근해야만 된다는 사실을 즐겁게 체험했다.

예를 들어 가게에서 샴푸를 샀다. 그런데 집에 와서 보니 유통기간이 지난 상품이었다. 그러면 가게에 가서 그 샴푸를 바꿔야할 텐데 유통기한이 지난 샴푸니까 바꿔 달라고 이야기해야 한다고 가정을 해보자. 영어로 뭐라고 설명할까?

열심히 '유통기한'을 영어로 생각했다.

use by, expire date, best before……

계속해서 잔머리를 굴리고 있을 때 호주에 온 지 6개월 된 랭귀지 스쿨 선배님께서 답을 이야기한다.

"This shampoo is too old. change, please."

의사 전달 수단으로서의 영어는 정말 재미있고 흥미 있는 언어였다. 호주에서 배우게 된 영어는 내게 그런 의미로서 다가왔다.

너무 어렵게만 생각했던 영어가 이러한 일들로 사실은 아무것도 아닌 것처럼 여겨지는 자신감을 성취하는 것이 관건이었던 것 같다.

호주에서 내가 발견하게 된 영어는 외국여자를 꼬실 수 있는 무기가 되는 각별하게 좋은 수단이었다. 다시 현실적으로 적용하자면 무언가(여기서는 영어)를 나름 완성하려고 한다면 그것에 '재미'가 넘쳐야 쉽다는 것이다. 어떤 일도 재미를 곁들이면 성공한다.

구한말 우리나라에 처음으로 테니스 경기가 열렸다. 지켜보던 양반들이 말했다.

"이런 뙤약볕에 뭐하러 저리 뛰어다닌단 말인가. 저리 힘든 일은 하인을 시키면 되지."

물론 이 일화는 서구문물에 대한 이해도 부족이나 당시 양반들의 '몸을 쓰는 것은 천한 것들이나 하는 일'이라는 사고방식 등 다른 많은 시사점이 있다. 하지만 그중에서도 공을 치는 재미를 몰랐기 때문이기도 하다. 만약 알았다면 그 재미진 일을 왜 천한 것들에게 하라고 했겠는가? 테니스광인 전전 대통령은 천한 일을 좋아한 훌륭한 대통령(?)인 셈이다.

아무리 힘든 일도 그 일에 재미를 느끼면 자기도 모르게 열심히 하게 된다. 일이 아니고 노는 것이 되는 것이다. PC방에 앉아서 밤을 세우며 게임하는 사람들을 보라. 그렇게 밤샘 일을 시키면 불평하지 않을 사람이 없을 것이다. 하지만 스스로 재미있어서 하는 게임은 오히려 새벽이 오는 것이 싫을지 모른다.

영어를 마스터하기 위해 고군분투하는 많은 사람들에게 제안할 수 있는 쉬운 영어 배우기, '원서를 통한 영어교육법'을 알아보자.

첫째, 앞에서 말한대로 재미가 넘치기 위해선 영어가 어렵지 않고 쉬어야만 가능하다. 영어가 쉬우려면 내 수준보다 낮은 영어를 하면 된다. 더 구체적으로 이야기하자면 영어 원서를 선택할 때 절대로 자기 수준의 책을 고르면 안 된다. 두 단계 정도 밑의 쉬운 책을 선택해야 한다. 그렇게 쉽디쉬운 만만한 영어책을 골라서 먼저 들어야 된다. 간단한 영어책이어서 대충 들어도 알아들을 만큼 쉬워야 효과가 난다. 그렇게 만만하게 선택한 책을 거침없이 귀로 들어보는 것부터가 스타트다.

필자는 그 시작을 일명 '흘려듣기'라고 고상하게 표현한다.

본인 수준보다 한참 쉬운 영어책을 귀로 듣게 되면 생각나는 게 뭘까? '엄청 쉽네~'란 생각이 든다면 일단 성공한 것이다. 쉬운 만큼 부담 없이 간단한 영어책부터 귀가 트이도록 엄청 듣는 것에서부터 시작된다. 휴일과 휴가 다 빼고 하루 1시간을 투자한다고 하면 1년에 최소 300시간이다. 물론 목적에 따라 투자해야 할 시간의 양도 결정되어진다. 하지만 하루 1~3시간을 1년 정도 투자한다면 분명히 다른 세상을 만나게 될 것이다.

두 번째, '집중듣기'다. 책을 보며 글자와 영어 소리를 맞춰가는 과정으로 영어 리듬과 억양을 익히고 글자에 익숙해지는 것이 목적인데 한 글자 한 글자 짚어 가며 읽어나가야 하는 집중도 높은 시간이 필요하다. 의지가 강하다면 한두 권의 책을 외우거나 완벽하게 받아쓰기를 해 보는 것도 좋은 방법이다. 이때 선택한 책은 너무 쉬운 책보다는 자기 수준의 책이나 한 단계 아래 정도의 책이 좋다. 너무 쉬우면 집중도가 약해지니까.

세 번째는 '원서 읽기'다. 절대 사전을 찾지 않고 내용을 유추해 나가면서 쭉쭉 읽어나가는 과정이 필요하다. 이때도 절대적으로 중요한 것은 자기 수준보다 훨씬 쉬운 책으로 읽어야 한다. 왜냐하면 영어는 절대 만만한 것이라는 생각을 몸에 배이도록 해야 하니까. 하루 최소 1시간 이상 해야만 한다.

네 번째는 '말하기'다. 이 '말하기'는 틀려도 상관없다는 생각이 가장 중요하다. 사실 틀리는 게 당연하다. 한국말을 배운 외국 사람들의 어눌함을 생각해 보자. 성조, 억양, 틀린 단어 등 지적사항이 넘쳐난다. 내가 영어를 한다는 것도 그렇게 무수히 틀리는 것이다. 우리가 외국인이 한국말을 자연스럽게 하는 것에 감탄하듯이 우리가 영어를 자연스럽게 한다면 그들이 감탄할만한 일인 것이다. 그러니 초반에 틀리는 것은 당연한 수순이다. 절대 두려워하지 말자.

주의할 점은 말하기 연습에 앞서 필요한 것은 듣기와 읽기가 충분히 무르익어야 한다는 점이다. 그래야 좀 더 빠르게 말하기가 완성된다.

간단하게 전체적인 영어공부법에 대한 개요를 이야기했다. 다음엔 좀 더 구체적인 사항들을 통해 얼마나 쉽게 영어를 정복할 수 있을지 이야기하겠다.

6개월에 영어 원서 1,000권을 읽어라

＊

영어 원서를 읽는 것 자체만으로 엄청난 일 같은데 6개월 만에 1,000권을 읽으라고 이야기하니까 많은 사람이 거부 반응을 나타낸다.

'너무 뻥이 심하다', 혹은 '비현실적인 목표다' 등등.

직접 체험해 보기 전에는 과장이 있다고 생각할 수도 있다. 그러나 한국에서 실질적으로 여러 어린 친구들에게도 적용 사례들을 보면서 자신 있게 이야기 할 수 있게 되었다.

한번은 한국에서 '영어도서관' 마케팅 의뢰를 받게 되었다.

10년 넘게 지속 되어 온 영어도서관 컨셉으로 원서를 읽게 하는 학원이었다. 실제로 수업에 들어가 보니 마치 수준 있는 도서관에 들어온 듯 어린 친구들이 영어 원서를 집중해서 읽고 있었다. 어떤 친구는 헤드폰을 쓴 채 책을 손가락으로 짚어 가면서 원서를 보기도 했다.

상품을 팔기 위해서는 그 상품을 누구보다 더 잘 알아야 하듯이 '영어도서관'을 제대로 파악해야 제대로 된 마케팅을 할 수 있을 것 같아 하나하나 꼼꼼히 챙겨 봤다. 놀라운 사실은 알파벳을 겨우 깨우친 꼬마부터 나름 영어 좀 한다는 중학생까지 주 3~4회 참여로 영어 원서 1,000권을 6개월이면 완독하는 현장을 실제로 보고, 기록으로도 확인하면서 그것이 과장이 아니라 현실로 가능하다고 알게 되었다.

처음 마술을 보면 신기하기만 하지만 어떻게 그 마술을 하는지 원리를 알고 나면 신비감이 확 떨어지면서 '나도 할 수 있겠다'는 생각이 든다. 그것처럼 원리를 알아보자.

영어 원서를 많이 읽을 수 있는 비결은 다른 것이 아니라 꾸준함과 '본인에 맞는 수준'의 책을 선택하는 것에 달려있다.

꾸준함은 더 이상 설명이 필요 없는 최고의 무기이다. 매일 하루도 빠지지 않는 꾸준함을 능가하는 방법을 필자는 아직 보지 못했다. 특히나 언어를 공부하는데 있어서 꾸준함이 가져다주는 장점은 정말로 많다.

또 많은 한국 사람들이 본인 수준에 맞는 책을 골라보라고 하면 너나 할 것 없이 보통 자기 수준보다 약간 높은 것을 선택한다. 그만큼 자기에 대한 기대치의 반영일 수도 있지만, 한편으론 자신이 자신을 제대로 알지 못한다는 반증이기도 하다.

본인이 고른 책을 읽으라고 했을 때 30분도 못 되어서 포기하거나 힘들어하거나 흥미를 갖지 못한다면 자기 수준의 책이 아닐 수 있다. 결국 원서를 다독하기 위한 첫 번째는 자신이 읽기 쉬운 수준의 책을 재미있게 읽는 것에서부터 시작한다.

'본인에게 맞는 수준'이란, 사전을 찾아보지 않고 전체적인 내용 파악이 가능하고 웃기면 웃고 슬프면 슬픔에 빠질 수 있는 정도의 수준을 의미한다.

'영어도서관'의 학생들을 보면서 다시 한번 공감하게 된 부분이 '쉬운 영어를 통한 자신감 갖기'였다. 거기에선 보통 1개월이 지나면 100권의 원서를 읽게 된다.

성인에 비하면 훨씬 영어 수준이 낮은 초등학생이 100권을 읽으려면 어떻게 해야 할까? 보통 그림책을 본다고 하는 게 맞을 것이다.

한글을 처음 배울 때 우리들이 봤던 책들을 생각해 보자. 글자보다 그림이 훨씬 많은 그림책이 떠오를 것이다. 마찬가지로 영어 원서 읽기의 시작은 그림책에서부터다.

흔히 알고 있는 '백설 공주'나 '잠자는 숲속의 공주'를 원서로 읽는 재미도 쏠쏠하다. 그림책 보다가 모르는 단어가 나올 때 느낄 수 있는 약간의 당혹감도 있지만, 그 당혹감보다 더 분명한 사실은 특정 단어를 모른다고 해서 그 그림책을 이해하지 못한다거나 포기하지는 않는다는 것이다. 모르는 단어가 나온다고 해서 호들갑 떨며 사전으로 손이 가는 습관을 떨치는 건 그림책을 보면서부터 길들이기 시작해야 한다. 몰라도 '추측'하는 센스를 늘려나가면서 원서를 읽기 시작하면 짧은 시간에도 원서를 스피드하게 여러 권 완독하는 기쁨을 느끼게 된다.

하지만 이때 기억해야 할 중요한 포인트가 또 있다. 책은 눈으로만 읽는 것이 아니다. 눈으로 읽어야 하지만 그와 동시에 놀고 있는 입(?)도 사용해야 한다. 입으로 소리 내어 읽어야 한다.

반복해서 소리 내어 읽기를 하는 습관은 뒷장에 소개하겠지만 '흘려듣기'와 '집중듣기'를 통한 정확한 발음을 귀에 장착하면서 그것을 소리로 표현하는 것까지를 포함한다.

다시 한번 강조하지만 '읽기'는 큰 소리로 발음하는 것을 포함한 읽기를 의미한다. 또 그림책이라 할지라도 완독한 책 제목을 기록장에 기록하기 시작하면 단 며칠 만에 뿌듯해하는 자신의 모습을 발견하게 될 것이다.

초기 IBM에서는 신입 영업사원 중에 주어진 목표를 못 채우는 사람이 거의 없었다고 한다. 심지어 목표를 400% 초과달성하는 사례들도 넘쳐 났다고 한다.

어떻게 그게 가능했을까? 그건 목표가 엄청 쉬웠다는 것이다. 모든 신입 영업사원들이 초과달성할 만한 목표를 줘서 성취감과 자신감을 고취시켜 본인의 능력을 더 끌어올렸던 방법이다. 마찬가지로 원서를 읽는다고 하니까 뭔가 거창해 보이기도 하고 영어 좀 하는 사람처럼 느낄 수도 있지만 원서를 통해 언어를 제대로 공부하기 위해서는 성취감과 자신감이 끌어주는 기쁨과 만족이 있어야 한다.

그게 바로 쉽고도 쉬운 '그림책'부터 읽으라는 말의 요점이다.

상상해보라. 비록 쉬운 그림책에서부터 시작했지만 6개월 뒤 1,000

권의 영어 원서를 마스터했을 때의 기쁨을 말이다. 평생 영어 원서 1권도 못 읽고 죽는 한국인이 대다수일 텐데 당신은 이미 그 한계를 극복하고 1,000권이나 읽은 승리자가 되는 것이다.

영어를 해야만 하는 이유 중의 하나는 어렵고 복잡한 전공책을 원서로 읽기 위함이 아니라 일상생활 속에서 쉽게 접하는 일반 영어(plain English)를 이해하는 데 있다.

상품 설명서가 영어로 되어있다면 그냥 읽을 수 있는 것이고, 이민을 가겠다고 맘을 먹어도 상담자 말만 믿고 거금을 투자할게 아니라 이민성 웹사이트에 들어가서 본인에게 해당되는 비자의 설명서를 읽을 수 있는 정도의 수준이 영어를 공부하고자 하는 사람들의 일반적인 기대치가 아닐까 생각한다.

또한 해외여행을 갔을 때도 마찬가지다. 가이드만 따라다니는 패키지여행을 가도 밤에는 자유 시간을 준다. 야시장에 돌아다니더라도 어깨에 힘들어 가는 멋진 남자, 멋진 여자가 될 수 있는 방법이 별것도 아닌 영어 몇 마디 할 수 있다는 것이다.

패키지가 아닌 자유로운 해외여행을 위해서 직접 숙소와 항공을 예약하고 차를 렌트해서 돌아다니는 낭만적인 여정을 가능케 하는 것도 영어가 가져다주는 힘이 아닐까 생각한다. 대단히 수준 높은 영어를 요구하는 것이 아니다. 단순히 일상의 삶을 살아가는 데 있어서 필요한 정도의 영어를 하는 데 있어서 딱 1년만 시간을 투자해 보자는 이야기이다.

그렇다고 미칠 듯이 힘든 길을 걸어가라고 강요하는 것도 아니다. 영어 그림책부터 시작해서 조금씩 조금씩 수준을 높여 편안하게 영문을 보게 되는 그 길을 가자는 것이다.

6개월에 1,000권 읽을 수 있다면 그 다음 6개월에는 그림책이 아니라 그림보다 글이 많은 영어 원서를 500권 정도 더 읽을 수 있을 것이다. 초과달성하는 것은 각자의 몫이고 이런 원서와의 편안한 만남이 이어지는 순간, 지금까지 느껴보지 못한 자신감과 성취감의 충만함이 당신의 내면을 덮을 것이다.

이런 습관이 가져다주는 또 하나의 장점은 '독서'에 익숙해지는 것이다. 스마트폰과 영상물에 익숙해진 우리에게 있어서 독서를 통해 '사고'를 담당하는 '전두엽 개발'은 엄청나게 좋은 보너스가 된다.

생각을 하게 되면서 '사색'이 가능해지고 깊은 '사색'을 통해 인생의 깊이가 달라진다면 그 얼마나 기쁜 일이 될까? 한 사람의 인생이 발전된다는 관점에서 하루 1시간의 투자를 적극 권장한다.

그냥 재미있게 들어라

\-

'영어 귀'를 뚫겠다는 신념으로 정말 다양한 방법을 통해 영어를 접하려고 노력하고 있는 시대다.

미드다, 영드다 해서 미국, 영국 드라마를 처음부터 끝까지 매일매일 듣고 다니는 사람도 있고, 영화를 선택해서 100번 이상 듣기도 하고, TED(Technology, Entertainment, Design: 미국의 비영리 재단)같은 좋은 연설을 선택해서 훈련하기도 한다.

어느 것 하나 잘못된 것은 없다. 하지만 가장 중요한 것은 본인의 실력과 취향, 그리고 상황에 맞는 것을 고르는 게 핵심이다.

나도 호주에 처음 갔을 때 어떻게 '영어 귀'를 가질 수 있을까 무수히 고민하고, 상담하고, 연구하고, 실험했었다.

호주에서 랭귀지스쿨 다닐 때 Andrew라는 선생님은 줄곧 뉴스 중에서 일기예보를 들어보라고 권유했다. 일기예보에는 숫자도 나오고 뉴스적인 표현도 나오고 지역명도 나오고 해서 나름 구체성 있는 리스닝에 도움이 되겠다는 생각도 든다.

그 곳에도 SBS가 있었다. Sydney Broadcast System의 약자로 155개 민족이 모여 사는 다민족(multicultural) 국가답게 각 나라를 위한 서비스 방송이었다.

일주일에 두 번 정도 한국 YTN뉴스가 그 방송국을 통해 보도되기도 하고 한 달에 한두 번 한국영화도 방영되는데 외국방송이다 보니 자막이 함께 나온다.

자막 없이 호주방송을 처음 보면 듣고 있는 건지 화면을 보고 있는 건지 헷갈릴 때가 있다. 그만큼 빠른 스피드에 눌려서 제대로 된 리스닝을 못하고 있을 때가 많다는 이야기다.

그 때문에 SBS를 통해 자막을 보며 영어 공부한다는 마음으로 TV를 많이 봤던 기억이 난다. 하지만 수많은 시도와 노력 끝에 알게 된 영어공부에 대한 나름 '효과적 진실'은 우리의 기대와는 다른 부분이 상당수 있었다. 리스닝 연습이라며 호주방송을 열심히 봤던 많은 시간들이 지금 생각해보면 엄청 아까운 시간이었던 것이다.

사람은 아는 수준에서 유추해내는 경향이 있다 보니 모르는 단어를 100번 계속 듣는다고 해도 본인이 아는 어떤 다른 단어를 떠올리며 엉뚱한 상상을 하게 된다.

물론 문장에서 2~3개 정도 모르는 단어가 섞여있는 상황이라면 상상력과 눈치에 따라 문장의 의미를 전체적 상황에서 유추해 볼 수도 있다.

하지만 한 문장에 모르는 단어가 5개 이상 되었을 경우에는 추측 (guess)의 기능이 상실된다. 모르는 단어가 더 많은 문장 내 에서는 유추가 불가능해지는 것이다.

가장 중요한 포인트는 재미가 없다. 또한 화면에 보이는 것으로 상상할 뿐이지, 귀를 통한 리스닝 기능이 작동하지 않을 수도 있다. 따라서 수준에 맞는 영어를 선택한다는 것은 영어 원서 읽기에서만 해당되는 이야기가 아니라 영어 학습 전체에서 크게 작용하는 원리이다.

리스닝을 통해 '영어 귀'를 뚫는 것이 목적이라면 원서 읽기와 마찬가지로 2~3단계 수준을 낮춘 영어를 들어야 한다.

또 초보자는 자막이 있는 영상을 봐야 하는지, 자막 없는 게 나은지, 고민을 많이 한다. 정답은 자막이 있어도 되고 없어도 된다(?). 그것은 자막의 유무에 달려 있는 것이 아니고 수준의 차이에 따라 달라지는 것이기 때문이다.

본인 수준 아래의 영어를 듣고자 할 때 자막은 독이 된다. 하지만 본인 수준 이상의 영어를 듣고자 할 때 자막은 약이 될 수도 있다.

안 들리는 영어를 시간만 보내면서 몇십 번 듣는다고 해도 역시 안 들리는 것은 안 들린다. 앞서 말했듯이 모르는 단어가 너무 많으면 그 모르는 단어를 많이 듣는다고 해서 절대 알 수 있는 것은 아니기 때문이다.

이 부분에서 '흘려듣기'와 '집중듣기'의 개념이 나타난다. 쉽게 말해서 '흘려듣기'는 본인 수준, 혹은 더 아래 쉬운 영어를 자막 없이 그냥 듣는 개념이다. 그냥 흘려서 듣듯이 하고 있어도 그 의미가 유추되고 문장이 대략적으로 이해되는 '듣기'를 의미한다.

'집중듣기'는 본인 수준보다 약간 더 어려워서 자막이나 그 원문을 보고 한 단어, 한 단어를 손으로 짚어 가면서 집중해서 들어야 하는 듣기 훈련을 의미한다.

이 단락의 주제가 되는 '흘려듣기'는 쉬운 영어를 통해 듣기 훈련을 하는 방법이다. 들을 수 있는 소재는 많지만 독해를 위해 원서를 선택하는 방법과 동일하게 본인 수준보다 아래의 영어책을 선택하고 그 책을 먼저 귀로 들어보는 연습을 해보자.

집중해서 듣되 책을 봐서는 안 된다. '흘려듣기'라고 해서 뭔가 다른 것을 하면서 듣는 것은 어느 정도 경지(?)에 오른 이후에나 한번 생각해 봄직한 이야기이고, 지금 당장은 원문을 보지 않고 쉬운 영어를 머리에 집어넣는다는 마음가짐으로 듣는 훈련을 해 보라는 것이다.

할 수 있다면 받아쓰기도 추천해 본다. 원서 책을 읽어주는 음원을 들으면서 받아쓰기를 병행하는 공부법이 이루어지기 위해서 얼마나 자기 수준을 겸손히 낮추어 시도해야 하는지에 대한 아이디어가 생길 것이다.

독해 때와 마찬가지로 처음엔 그림책 수준의 영어책을 골라서 들어야 한다. 본인 스스로에게 창피할 수도 있지만 절대 창피하거나 부끄러워할 일이 아니다. 아무리 훌륭하다고 존경받는 영문학 교수라도 한국말을 배운다고 하면 그의 시작은 결국 한국어 그림책에서부터니까.

전체적으로 정리를 해 보자. 우리가 영어를 수년간 혹은 수십 년간 (?) 배웠으면서도 다시금 그림책을 통해 공부해야만 하는 이유가 무엇일까 다시 되짚어 봐야 한다.

영어를 공부로서 혹은, 좋은 대학 가기 위한 주요 과목으로 설정하고 열심을 다해 '공부(study)'했기 때문이다.

딱딱한 문법을 통해서 용어 자체도 어려운 이야기를 섞어가며 학문적으로 접근했던 한국 교육시스템에 따라 전 국민이 'how are you?', 'Fine, thank you. And you?'하는 획일적 교육에 익숙하다 보니 해외여행을 가서도 'excuse me' 한 마디에도 깊은 숨을 몰아쉬고 해야 하는 경직성을 만들어 낸 것이 아닌가 생각이 든다.

물론 요즘엔 영어 잘하는 젊은 친구들이 넘쳐나기는 하지만 이 또한 짚고 넘어가야 할 부분이 있다.

완벽한 발음과 문법적으로 맞는 표현에 너무 순응한 교과서적 교육에 익숙해 있어서 발음이 나쁘면 영어 자체에 대해 엄청난 약점을 가진 것으로 생각하고, 완벽한 통문장을 만들어서 표현하려고 한다. 물론 발음이 좋은 것이 장점이긴 하다. 하지만 발음이 한국적이라 할지라도 자신감을 가지고 표현하게 되면 절대 그것이 큰 약점으로 작용하지는 않는다.

전 세계에 영어 사용자가 오리지널 미국, 또는 영국 사람만 있는 것은 아니기 때문이다. 너무 미국영어에만 집중해서 다양한 나라의 다른 영어 발음에 익숙지 않음으로 인해 리스닝이 힘들다면 그게 더 문제가 될 수 있다. 잘 생각해 보면 우리가 사용할 영어가 꼭 미국사람과의 교류를 위한 건 아닐 수 있으니까 말이다.

골프를 할 때 자세가 좋으면 폼은 난다. 하지만 폼을 넘어선 실력의 유무가 더 중요하지, 폼이 골프의 실력을 나타내는 것은 아닐 것이다.

본인의 실력이 출중해서 그림책으로 시작하지 않아도 영어를 어느 정도 할 수 있는 독자도 많이 있으리라 본다. 하지만 추천하는 방식은 'back to basic' 방법이다. 초심으로 돌아와 그림책부터 다시 한번 읽어 보고 들어보라. 본인 실력이 충분하다면 군이 그림책을 몇 주 동안 보고 있을 이유는 없다. 하지만 아주 쉬운 영어를 통해서 속도를 올려 가는 공부법을 추천하는 것이다.

영어 공부에 있어서 가장 먼저 해야 할 것은 '리스닝'에 있다. 먼저 귀를 뚫으면서 원서 책을 통해 '독해(Reading)'에 집중해야 한다. 귀가 뚫리고 눈이 떠지면 스피킹과 라이팅(Writing)은 뒤따라 굴러 들어오는 보너스와 같다.

하루에 최소 1시간은 투자해 보자. 절반은 귀를 뚫는 '리스닝'에 할애하고 나머지 시간은 눈이 떠지게 하는 '리딩'에 목숨을 걸어보자. 두 가지가 연속선상에서 이루어질 수 있다.

'리스닝' 교재가 바로 '리딩' 교재가 된다. 흘려듣기를 통해 내용 파악이 대충 된 원서를 눈으로 직접 읽어나가는 리딩을 통해 문장이 머리에 들어오기 시작하면 다시 흘려듣기를 했을 때 '받아쓰기'가 가능하다는 걸 체험할 수 있다. 계속해서 반복적으로 하는 것 보다 한번 읽었던 책을 일주일 뒤에 다시 복습해보는 것도 좋은 방법이다.

하지만 가장 중요한 것은 쉬운 영어 공부를 통해 자신감과 성취감을 배양하는 것이다. 그 기반엔 본인이 읽고 들었던 원서들의 기록에 있다. 매일 매일, 읽었던 그리고 들었던 책들의 타이틀과 작가 이름을 적어서 본인이 얼마나 잘 하고 있는지 자연스럽게 습관을 들여야 한다. 본인 스스로 얼마나 기특하고 자랑스러운지 느껴라.

집중해서 재미있게 들어라

영어 원서를 선택함에 있어서도, 재미있게 듣기 위한 흘려듣기 교재로서도, '쉬운 영어'에 대한 강조를 지나치다 할 정도로 했다. 왜 '쉬운 영어'에 주목했을까'에 대해서 잘 생각해 보면 글의 제목에서도 나타난다.

'(흘려듣기)를 재미있게 들어라'로 표현했고 '(집중듣기)를 집중해서 재미있게 들어라'로 표현했다.

두 표현의 공통점은 '재미있게'다. 계속해서 강조하듯이 우리가 지금 하는 것은 영어를 공부하는 것이 아니고 영어를 하나의 자신의 능력으로 장착하는 과정에 있다.

그렇게 하나의 장착용 무기로 갈고 닦는 과정 가운데 '재미있게'는 필수적 요소다. 재미있지 않다면 '하기 싫은 공부'가 될 것이고, '하기 싫은 공부'가 된다면 기존의 영어학습법과 별 차이 없이 시간과 돈은 투입되는데 성과는 미미하니 또 다른 스트레스가 될 것이기 때문이다.

'집중해서 재미있게 들어라'의 의미는 무엇일까?

간단히 말하자면 흘려듣기 하듯이 재미있게 들어야 하는 것은 맞지만 재미로만 끝나서는 안 되기 때문에 집중해서 한 단어, 한 단어 손으로 짚어 가면서 듣기 연습을 하라는 이야기다.

그러기 위해서는 자신의 수준에 맞는 원서교재를 선택해야 한다. 혹은 약간 상향 조정되어도 괜찮다. 하지만 한 문장에서 5개 이상의 모르는 단어가 나온다면 이 또한 잘못된 선택이라 할 수 있다. 모든 기준은 한 문장에서 평균적으로 모르는 단어 5개이다.

5개 이하 수준에서 원서를 선택해서 듣기를 하되 집중력을 발휘해서 원서를 손으로 짚어 가면서 듣는 연습을 하는 것이다. 만약 교재가 너무 쉬우면 자신도 모르게 짚던 손에 신경이 안 쓰이고 그냥 듣기만 하고 있을 것이다. 왜냐하면 그것은 재미없는 것이니까.

흘려듣기의 경우에는 교재를 안 보고 듣는 것이 가능하다. 이유는 간단하다. 교재 없이도 어느 정도 다 들린다고 생각하니까.

집중듣기의 경우에는 먼저 집중해서 한번 듣고, 다시 한번 반복해서 집중듣기를 하고 나서 모르는 단어 가운데 확인하고 싶은 단어들을 발췌해서 영영사전을 통해 의미를 다시 체크해 나가는 과정이 필요하다.

추측만으로 계속해서 넘어가다 보면 나중에 그 단어가 나오는 다른 상황에서도 예전의 추측이 적용될 수밖에 없다.

문맥 속에서 추측하던 단어의 궁금증이 극대화되었을 때, 영영사전을 통해 알게 되었을 때, 그 단어는 뇌리에 박히면서 쉽사리 잊지 못하는 장점이 있다.

이런 식의 단어 취득을 바탕으로 다시 '집중듣기'를 통해 리스닝을 완성하게 되면 수준 있는 리스닝의 기반이 다져지는 효과가 발생한다.

어느 정도 영어 수준이 있는 경우에는 TED를 학습도구로 추천한다. 보통 15분에서 20분 정도의 분량에 다양한 주제가 있는 TED는 한국에서는 세바시(세상을 바꾸는 시간 15분)와 비슷한 콘셉트다.

가장 관심 있는 분야에 맘에 드는 강연자를 선택하고, 강연자의 발음을 보면서 발음이 깔끔한 것 위주로 선택을 하되, 할 수 있다면 많은 사람들이 본 검증된 TED를 선택하면 가장 이상적이다.

인기 있는 TED의 경우, 몇천만 명이 본 엄청난 대중성을 가지고 있다. 가장 처음엔 절대 자막을 보지 말고 순수하게 TED 자체 강연만 집중해서 본다. 내용에 대한 이해가 65% 이상 힘들다고 생각한다면 아직은 맞는 수준이 아니라고 판단해야 한다. 하지만 충분히 도전할 용기가 있다면 다시 한번 20분을 투자해 본다.

그리고는 이해도에 대해서 다시 한번 체크해 본다. 얼마나 이해했는가는 원문으로 체크해 본다. TED에 보면 정확한 대본이 원문으로 수록되어 있다.

원문을 읽고도 65% 이상의 이해도가 나오지 않는다면 이번 TED는 포기하는 게 낫다. 하지만 이해도가 그 이상이라면 원문을 체크 한 후

다시 한번 영상만 봐 본다. 그리고 원문을 한국어로 바꾸어서 100% 이해하는 쉬운 언어를 한번 체험해 본다.

이때부터 '집중듣기'를 실시해본다. 원문을 손으로 집어가면서 정확한 단어들을 귀로, 눈으로 집중해보자. 반복되면서도 중요한 단어 가운데 뜻이 불분명한 단어를 발췌해서 단어공부를 영영사전으로 해 본다. 그리고 '집중듣기'를 다시 실시한다.

보통 50번에서 100번까지 반복 학습을 통해 '집중듣기'를 연습해보고 과정 가운데 '받아쓰기'도 실시해 볼 수 있다.

정리해보자면 흘려듣기 2번 후 원문을 보고 다시 흘려듣기 2번, 그리고 1회 한국어로 완벽한 뜻을 이해하고 완전한 암기 수준의 '집중듣기'를 50번에서 100번 정도 반복하는 방법을 사용해 본다.

보통의 경우에는 원서를 중심으로 '집중듣기'를 실시하는 게 좋다. '집중듣기'와 '흘려듣기' 그리고 '영어 원서 읽기'는 따로따로 떨어져 있는 공부가 아니다. 상호 연관성을 가지고 연관 지어 학습 했을 때 시너지가 나면서 재미있는 시간을 보낼 수 있다.

읽어나가는 원서 책을 '흘려듣기'를 통해 리스닝에 시동을 걸고, 그냥 문자적으로 읽는 독서로 만족하는 것이 아니라 리스닝을 병행해 나가는 과정을 통해 쉬운 영어를 처참히 무너뜨리는 훈련을 해야 한다. 거기에서 자신감과 성취감을 고취해 나가는 방법이 가장 좋다.

보통 1개월의 시간이 지나면 이때부터 '집중듣기'에 도전해야 한다. 마냥 쉬운 것만 듣는 것으론 계속 재미있지 않기 때문이다.

사람은 약간의 어려움을 극복할 때 알 수 없는 희열을 느끼는 특이한 존재이기 때문이다. 한 달간의 워밍업이 끝났을 때 '집중듣기'를 통해 한 단어, 한 단어 소중한 마음으로 손가락으로 짚어 가며 조금은 부담스러운 수준을 읽어보고, 들어보고 내 것으로 만들어 가는 기쁨을 만끽해 보라.

하루 1시간, 영어에 투자하는 그 시간은 복합적으로 한 가지 목표에 초점이 맞추어져 있다. '원서 책 읽기'를 통한 영어의 4요소를 완벽히 적용하는 것이다.

초창기 6개월까지는 무조건 읽고 또 읽고, 듣고 또 들어야 한다. 책을 읽을 때면 눈으로만 읽어서는 안 된다. 입으로 소리 내서 읽어야 한다. 눈으로 보면서 귀로 흘려듣고, 집중해서 들으면서 익힌 발음을 입으로 소리 내서 다시 본인 귀로 익히면서 읽는 것이 진정한 읽기의 완성이다.

6개월 정도의 집중 투자 시간 후엔 반복 학습으로 인해 체화된 문장을 표현하기 시작한다. 입으로 표현되던 암기된 문장들이 펜으로도 표현되기 시작할 때 어느 순간 말하기(speaking)과 쓰기(writing)가 익숙해진다.

다시 한번 강조하는 것은 '매일, 하루도 빠지지 않고'의 실천이다. 이런 실천이 습관이 되고, 이런 습관이 축적된 시간의 양만큼 우리는 발전을 이루고, 그 발전이 자신감과 성취감으로 연결되면서 영어가 만만한 나만의 무기가 될 수 있다.

제5장

창업시대, 새로운 루키가 되라

하루 2개씩 일주일에 10개
비즈니스 아이템을 만들어보자

꾹

책을 읽다 보면 느끼는 것도, 배우는 것도 각각 사람마다 다르다. 하지만 그 느낌과 배움 이후의 실천 방향에 있어서 대표적으로 추천해 보고 싶은 '강추' 부분이 무엇일까 고민해보았다.

사업적 마인드, 온라인 마케팅 능력, 그리고 영어의 세 가지 큰 틀에 있어서 실천적으로 제안하고 싶은 내용은 '비즈니스 아이템 만들기'이다.

처음 사업을 시작하려고 했던 시절에 시도했었던 '하루에 비즈니스 아이템 10개 만들기'는 지금껏 20년 넘는 비즈니스의 삶에서 가장 효과적인 강점으로 적용되었다.

하지만 하루에 10개의 아이템을 생각해 내는 것은 그것이 갖는 장점이 있긴 하지만 돌이켜보면 무모한 점도 없지 않다. 그 이유는 너무 많은 아이템을 생각하다 보니 하나 하나의 아이템에 집중도가 분산되는 단점이 있었다.

그렇다면 하루에 몇 개의 아이템이 가장 적절한 수준일까? 아무것도 안 하고 전업으로 매달리지 않는다면 하루 2개의 아이템을 구상해 보는 것도 좋은 방법이라고 생각한다. 하루 2개씩 일주일에 10개를 구상한다면 1년에 500여 개의 비즈니스 아이템을 만들어 낼 수 있다.

주 7일 중 하루 2개의 아이템을 구상해 낸다면, 14개이지만 2일은 구상해 놓은 10개의 아이템을 좀 더 면밀히 분석하고 가다듬어서 베스트3을 만드는데 주력해 보는 것도 바람직하다.

말이 쉽지 하루에 2개의 아이템을 발췌해 낸다는 것도 보통의 집중력으로는 쉽지 않다. 끊임없이 관심있게 관찰하고, 대화하고, 발품을 팔아내야만 가능한 일이다.

물론 처음에는 어려울 수 있는 미션이지만 그러한 시도가 익숙해지고 습관이 되면 '그렇게 어려운 일이 아니다'라는 것은 알게 될 것이다.

늘 고민해야 할 일은 구상해 본 아이템 가운데 가장 현실적이고 이익 창출이 높은 미래지향적 아이템을 선별하는 선구안이 필요하다. 그 일은 수시로 시행되어야 한다.

오늘의 아이템으로 선정할 테마에 대해서도 선택해야 하고 일주일에 모여진 10개의 아이템 가운데 최고의 베스트3을 선별하는 과제도 끊임없이 선택의 연속이다.

주별, 월별, 분기별 베스트3을 선별해 나가다 보면 그 해의 베스트3

을 선별하는 작업이 생각보다 어렵지 않을 수 있다.

500개 중의 세 개를 선별하는 것이지만 분기별 올라온 12개의 아이템 중의 1, 2, 3위를 뽑는 것이 결국 500개 중의 순위를 먹이는 결과가 되기 때문이다.

요즘 TV에서 자주 보이는 오디션 프로그램과 비슷하다고 생각하면 될 것 같다. 예를 들어 슈퍼스타K를 선발하는 과정에서 지속적인 선택을 하지 않는다면 우승자 선발은 제아무리 훌륭한 심사위원이라 할지라도 너무 힘들 것이다.

가장 중요한 아이템 선정은 어떻게 할 것인가? 기본적으로는 관심과 집중에 있다. 어디에 있든지, 무엇을 보든지, 누구를 만나든지 그 가운데에서 소비자가 원할만한, 혹은 필요로 할만한 것이 있는지 작은 것에서부터 관심을 가져야 한다.

그 시작은 성공적인 모델의 발견을 통한 모방에서부터이다.

어느 특정지역에서 성공하고 있는 모델을 발견하게 되면 이 모델이 그 지역만의 모델인지, 전국적인 모델인지, 세계적인 모델인지 조사가 필요하다.

전주한옥마을에 여행을 갔을 때의 일이다. 남문시장 입구 쪽에 흑백사진관 '춘몽' 앞에 서 있는 입간판을 보게 되었다.

'흑백 가족사진 1장에 5,000원'.

제대로 스튜디오처럼 꾸며놓은 흑백사진관에서 가족이나 커플 사진을 단돈 5,000원에 촬영, 현상, 프레임까지 해준다는 광고에 혹해서 사진관으로 들어갔다.

정성 들여 제대로 포즈까지 취하게 하면서 사진 촬영을 해주는 모습을 보고 충분히 5천원의 가치는 하겠다 싶어 잠시 기다리게 되었다. 그런데 생각보다 사진 촬영이 오래 걸리면서 거의 40분을 기다릴 수밖에 없었다.

결국 사진 촬영을 했는데 선택권을 주었다. 한 포즈만 찍었던 것이 아니라 거의 10분에 걸쳐서 다양한 포즈로 사진 촬영을 했기 때문에 포즈별 선택만 해도 최소 4장은 그냥 고를 수밖에 없었다.

많은 고객들이 최소 4장에서 6장을 선택했고, 5천원을 보고 쉽게 들어왔던 고객은 2~3만원을 지불해야 했다. 그럼에도 그들은 사진에 만족하여 기분 좋게 나가는 모습을 보았다.

정부지원을 받는 듯한 청년들이 만든 사진관이었고 실제적으로 설비는 카메라 빼곤 투자할 것도 없어 보였다.

사진 현상도 무한잉크가 장착된 일반 프린터였고 프레임은 두꺼운 종이로 '춘몽'이 찍힌 광고성 프레임이었다. 만약 이 사진관에서 고객서비스를 경험했다면 어떨까?

예를 들자면 '흑백사진관'의 대중화 현상을 인터넷으로 검색해 보는 방법이 있다. 실제 검색해 보니 지역에 따라 유명한 사진관들이 몇 군데 있지만 완전한 대중화는 이루어지지 않고 있었다. 하지만 잘 되는 사진관들은 성황리에 영업을 하고 있었다.

심지어 흑백사진 밴딩머신이 커피자판기처럼 만들어져서 판매를 하고 있는 상황이었다.

결론적으로 필자는 이곳을 방문함으로서 흑백사진을 활용한 세 가지 비즈니스 아이템을 구상해 보았다.

첫 번째는 관광지나 사람들이 많이 모일 수 있는 장소에 '춘몽'과 같은 사진관을 벤치마킹해서 창업하는 방법이 있을 것이다.

두 번째는 '춘몽'에서 40분 동안 기다리면서 할 일이 없고 그냥 서서 기다리는 게 지루했던 점을 고려해서, 기존 중소형 프랜차이즈형 커피전문점 본사를 컨택해서 한 코너에 커피전문점을 개설해 보는 제휴 마케팅 방법이 있을 것이다.

세 번째는 직접 커피숍을 오픈하면서 '흑백사진관'도 겸하는 방법이다. 커피를 주문하고 기다리는 동안, 혹은 마시는 동안, 잠깐의 짬을 내서 제대로 된 사진을 하나 찍을 수 있다면 5천원이란 돈이 크게 부담이 되는 돈은 아닐 것이다.

이렇듯 관광지에서 체험한 경험만으로도 아이템의 발췌는 충분히 이루어질 수 있다. 성공 가능성에 대해서는 의문의 여지가 있지만 이런 식으로 발상의 전환을 이뤄낸다면 하루 2개의 아이템은 결코 난공불락의 어려운 과제가 되지는 않을 것이다.

그러므로 눈과 귀를 열고서 성공적으로 보여지는 좋은 아이템을 분석하는 방법만으로도 아이템 개발에 기본은 만들어질 수 있을 것이다.

아이템이 비즈니스가 되도록 실행플로를 짜보자

⌄

"뭐 괜찮은 사업 아이템이 없을까요?"

사업을 하고 있는 사람부터, 이제 막 사업을 시작하려는 사람, 직장을 다니면서 사업을 꿈꾸는 사람에 이르기까지 수많은 사업을 꿈꾸는 많은 사람들이 입에 달고 사는 표현 중 하나이다.

특히 사업을 아직 안 해본 직장인들이 가장 많이 묻는 질문이기도 하다. 생각하고 있는 아이템이 있냐고 물으면 비현실적인 막연한 아이템을 내놓는 경우가 대부분이다. 그렇다면 현실적인 사업 아이템을 찾을 수 있는 방법은 무엇일까?

'눈과 귀를 열고서 관심과 집중력을 갖고 어디서든, 무엇이든, 누구에게든지, 가능성 있는 아이템을 발췌하는 하나의 기회로 활용하라'라는 이야기가 많은 사람에겐 추상적인 제안으로 들릴 수 있을 것이다.

이야기의 핵심은 마음가짐을 그렇게 가져야만 하는 것이고 실제적으로 더 쉽게 아이템을 찾아내기 위해선 몇 가지 똑똑한 실행력이 필요하다.

1. 박람회·전시회를 활용하라

일단 명함을 만들어서 전국에서 열리고 있는 수많은 박람회와 전시회에 참관해보는 방법이 가장 기본적인 접근법이 될 수 있다.

다양한 카테고리의 비즈니스를 접할 수 있고, 각 비즈니스가 가지고 있는 최근의 경향과 공통점, 그리고 다양한 강좌를 들을 수 있는 기회를 가지는 데에 있어서 박람회·전시회보다 더 좋은 학교는 없다.

명함을 갖추고 정식 상담까지 할 수 있다면 배움의 기회는 정말 무궁무진하다. 참석하게 되면 엄청난 샘플과 자료를 구할 수 있고 인맥까지도 만들 수 있다.

항상 전시회에 참석할 때면 대형 여행용 가방을 들고 가서 많은 카탈로그와 샘플들을 가져오는 치밀함은 기본이다. 단언컨대 한 전시박람회만 간다고 해도 아이템은 최소 10개 이상 발췌할 수 있을 것이다.

2. 관심 있는 분야 강연장을 방문하라

온오프믹스부터 다양한 강연사이트의 활용 뿐 아니라 KOTRA(수출무역진흥공사), 중소기업청, 각 지역별 정부기관에서 진행되고 있는 다양한 종류의 강연을 선별해서 듣게 되면 그 분야를 이끌어가는 성공자, 혹은 전문가로부터 심도 깊은 시장 분석과 방향, 그리고 시대적 흐름을 쉽게 파악하게 된다.

관심을 가지고 정보를 수집하게 되면 상담과 멘토링, 심지어 정부·민간 지원에 이르기까지 다양한 혜택과 도움을 받을 수 있다. 이러한 훈련을 통해서 좀 더 구체적인 아이템 구상에 영향을 받을 수밖에 없다.

3. 여행을 많이 다녀라

여행은 익숙하지 않은 환경으로 나아가는 도전과 같다. 국내 뿐 아니라 세계 여행을 떠나서 새로운 시장의 흐름을 눈으로 파악해 보는 것도 좋다. 단순한 여행이 아니라 전시회나 박람회가 있는 곳으로 가게 된다면 일석이조의 효과를 누릴 수 있다.

호주처럼 지역이 큰 것에 비해 인구가 적은 경우, 많은 도매거래나 신규아이템 론칭이 박람회를 통해 이루어지는 나라들도 많이 있다.

시장, 쇼핑센타, 역세권 등 다양한 오프라인 매장을 방문해 보는 것도 물건에 대한 안목을 높이고 전시판매에 대한 자연스런 배움이 이루어질 수 있다. 새로운 지역을 방문하고 사람들을 만나면 각 나라별, 지역별 다른 접근법과 특징 등을 깨닫게 되고 그 안에서 성장이 이루어진다.

4. 온라인 판매의 흐름을 파악하라

발품을 팔아서 오프라인을 직접 체험해 보는 것과 마찬가지로 더 빠르게 진화하고 있는 온라인의 판매 흐름을 주목해 보는 것도 의미 있는 일이다.

국내에서도 오픈마켓으로 엄청난 성장을 이루었던 11번가, G마켓, 옥션 등이 투자대비 많은 손실을 보면서 업계 경쟁에서 밀려나고 있고, 플랫폼을 갖고 있는 네이버 스마트스토어가 큰 비중을 갖고 부상하고 있다.

엄청난 투자를 받은 쿠팡이 끊임없이 소셜미디어 시장에서 각광을 받고 있고, 블러그와 페이스북을 통해 고객을 유치해서 판매가능한 사이트를 통한 판매가 이루어지고 있다.

단순한 텍스트에서 카드뉴스로 발전한 설명이 이젠 영상으로 극대화되면서 초점이 영상으로 바뀌는 추세이다.

갖고 있는 아이템을 얼마나 '잘 표현해 내느냐'가 관건이 되는 시대에 살고 있다. 빅데이타를 중심으로 온라인을 잘 활용하면 실제적 판매량까지 볼 수 있기 때문에 오프라인보다 더 폭넓게 다양한 아이템들의 대중성을 판단하는 근거가 되기도 하고 전체 시장을 바라볼 수 있는 관점이 생겨난다.

5. 경제뉴스에 주목하라

경제를 바라보는 관점에는 거시적, 미시적 관점이 있다. 아이템 자체만 생각하면 미시적 성격이 강하다고 한다면 경제뉴스를 통해 경제의 흐름을 생각한다면 거시적 관점이 적용될 수 있다.

예를 들어 결혼이 줄어들고, 아이를 갖지 않는 부부가 늘어나면서 유아시장은 고급화 되어가는 반면에, 노인 인구는 의학기술의 발전으로 수명이 늘어나면서 기하급수적으로 팽창하고 있다.

이런 시대의 흐름을 알고 시니어 시장을 겨냥하는 비즈니스 아이템을 개발하는 것은 기본적인 경제 상식과 뉴스의 업데이트가 있어야 가능하다. 우물 안 개구리의 시야를 가지고선 시대성을 나타내는 아이템을 개발하는 것은 불가능하다. 끊임없이 시야를 넓혀야 하는데 좋은 방법 중의 하나가 경제뉴스에 주목하고 흐름을 체크해 나가는 것이다.

6. 페이스북을 통해 성공한 CEO를 만나라

예전에는 유명인들이나 성공한 CEO를 만나는 게 상당히 어려웠다. 하지만 시대가 변하면서 SNS를 통해 생각지도 않게 관심 있는 사람들을 만날 수 있는 기회가 많아졌다.

주변에서 멘토링을 해주는 사람, 미래에 흐름에 대해 조언을 해주는 많은 사람들이 있다면 그 사람은 참 행복한 사람이다. 하지만 능동적으로 그런 멘토가 될 만한 사람을 직접 만날 수 있다면 그보다 더 좋은 기회는 없다.

성공을 이룬 사람들을 계속해서 만나보고, 그들의 성공 스토리를 알게 되면 자연스럽게 그들의 공통적인 성공 요인이 들어온다. 또한 아이템을 바라보는 시야 자체가 일반인과는 다르다는 점을 깨닫게 된다. 그런 의미에서 페이스북이나 인스타그램은 그런 비즈니스에서 성공한 리더자들을 연결해주는 좋은 통로이다.

나의 경우에도 페이스북을 통해 한국 이미지 컨설턴트 1호인 정연아 대표님도 만나게 되었고, '박찬호 크림'으로 유명한 ㈜파워플랙스 박인철 대표님도 만났다.

게시글에 댓글을 달면서 인간적인 관계가 형성이 되면 만남으로 이어지는 것은 어려운 일이 아니다. 그 만남을 통해 영감을 받고, 배우고 깨닫는 일련의 과정 속에서 새로운 비즈니스 아이템이 또 구상되는 것이다.

보통 사업 아이템을 찾는 데에 있어서는 3단계의 절차가 필요하다고 본다.

1단계는 다양하고 좋은 사업 아이템 후보들을 찾아내야 하는 단계이다.

2단계는 찾아낸 사업 아이템의 타당성을 분석해야 한다. 시장성, 기술성, 독창성 등 다양한 측면의 분석을 통해 현실적인 아이템을 선택해야 한다.

3단계는 그 아이템의 사업 타이밍을 결정하는 단계이다. 현실적인 사업가의 재정과 능력과 상황 등을 체크하여 당사자가 할 수 있는 아이템인지, 당장 시작할 수 있는지, 미래 아이템으로 선택할 지 결정해야 한다.

실행되는 비즈니스 아이템으로 발전시켜보자

～

관찰과 집중력을 가진 마인드로 무장된 상태로 여러 가지 방법을 통해 새로운 아이템이 눈에 들어오기 시작했을 때 처음부터 너무 구체적인 부분에 연연하게 되면 부담감이 생겨 아이템으로 선정하기 힘들다.

일단 오픈마인드를 가지고 눈에 띄는 아이템을 먼저 관심 있게 관찰해보면서 적용할 수 있는 가능성을 생각해 본다.

요즘 빅데이터를 활용해서 사람들의 관심 분야와 흐름을 파악하는 과학적 방법도 발달 되어있다. 네이버에 검색하는 일별, 주별, 월별 데이터도 여러 프로그램과 앱을 통해서 쉽게 자료를 얻을 수 있다.

예를 들어 '키워드 매니저'란 앱이 대표적인 케이스이다. 물론 개인이 빅데이터를 특수 목적으로 용역을 주기에는 무리수가 있지만 키워드 검색 자료와 마찬가지로 이미 자료로서 나와 있는 많은 자료들이 있다.

대부분의 비즈니스 아이템은 모방에서부터 스타트 한다. 모방을 하면서 자기만의 변형을 이뤄내 보고 계속 시도를 하다 보면 자기 만의 것이 나온다.

예전 호주에서 호텔인턴쉽 상품을 최초로 론칭했을 때에도 창조적 아이디어로 처음 그 상품을 만들었던 것은 아니다. 이미 시행하고 있는 미국의 호텔인턴쉽 상품을 호주에 맞게 론칭한 것이다.

성공적인 시스템과 아이템은 끊임없이 카피되고 적용되고 자체적 상품으로 현실화된다.

한국에선 국민 메신저가 '카톡'이지만 일본에서 '라인'이고 중국에서는 '위챗', 미국에는 메신저가 있다.

앞선 나라의 아이디어를 모방으로 시작해서 각 나라별로 거대 기업으로 성장한 예는 수도 없이 많다. 짝퉁과 컨셉의 차용은 다른 것이다. 여기서의 모방이라 함은 후자를 말한다. 자기만의 철학을 단 1%라도 첨가시켜서 점차 그 비율을 높여가는 노력이 비즈니스 아이템을 개발하는 사람들이 가져야 할 자세이다.

예를 들어 비즈니스 네트워크 모임인 BNI에 참석한 적이 있었다. BNI(Business Network International)는 세상의 비즈니스 하는 방법을 바꿔 보겠다는 미국의 아이번 마이즈너 박사가 만들었다. 이 모임에서는 커미션이나 리베이트로 협업을 하는 것이 아니라 주는 것이 받는 것 (Givers Gain)이라는 철학으로 다른 전문영역의 대표자들과 협업하는 단체이다.

1년에 110만원 가입비를 내고 매주 한 번 오전 6시 30분에 모여 회의를 통해 자신의 비즈니스를 홍보하고 기여를 나누는 시간을 갖는다.

미국에서 1985년 만들어져서 전세계 78개국 23만 개의 회사가 참여하는 세계 최대 비즈니스 공동체이다. 한국에도 2019년 3월 현재 35개 챕터 1,200여 명의 회원들이 활동하고 있다. 협업을 소망하는 많은 비즈니스 대표자들에게는 차용해 볼만한 시스템을 갖춘 성공적인 프랜차이즈 모델이라고 생각된다.

끊임없이 새로운 시스템과 아이템은 상호보완적인 요소로서, 대체 아이템의 개념으로 활용하고 발전시키는 것이 아이템 개발이 갖는 개인의 이점이다.

단순히 아이템을 창출해 내기 위한 훈련일뿐 아니라 항상 사업가적 마인드로 안테나를 켜듯 좋은 비즈니스에 관심과 집중이 생활화되는 습관적 훈련이라 할 수 있다. 자신의 활동 영역이나 능력에 따라서 관심을 가질 수 있는 시장은 훨씬 크다고 할 수 있다.

외국어가 가능한 사람은 해당 지역에 직접 가거나 검색을 통해서도 그럴 수 없는 사람보다 기회를 더 많이 갖게 된다. 또한 사업적 마인드를 얼마나 갖추고 있느냐에 따라 적용의 대상으로 볼 수 있는 아이템의 종류와 시각이 달라질 수 있다.

인문계나 공학도의 관점이 차이가 나지만 점차 통합과 퓨전의 형태로 비즈니스는 확장되고 있다. 특정 시각만으로 선점할 수 있는 시장이 줄어들고 있다는 이야기다.

나의 경우에는 IT기술이 발달한 한국이라는 배경을 가지고 있었기 때문에 첨단의 기술을 쉽게 차용해서, 기술 측면에서 한국보다 속도가 더딘 호주에서 다양한 사업을 펼칠 수 있는 기회가 많았다.

한국은 비단 호주 뿐 아니라 전 세계의 나라와 비교하자면 상당히 앞서 있고 발전된 기술과 서비스를 가지고 있다. 그에 비해 해외 진출에 있어서는 상당히 소극적이고, 해당 나라의 교포 중심으로 비즈니스가 많이 발전되어있어, 연구하기에 따라서 무궁무진한 시장이 현재 남아있다고 볼 수 있다. 얼마나 치밀하고 빠르게 좋은 아이템을 발췌해서 해외에서 론칭하느냐가 경쟁이 치열한 이 환경에서 벗어나서 선점할 수 있는 좋은 기회가 될 수 있다.

호주에선 1, 3차 산업은 발달했지만 2차 산업은 거의 전무하다시피 발달되지 않은 수입형 국가이다. 대신 청정의 이미지를 활용해서 관광객을 유치하고 그 관광객에게 판매할 건강식품 제조가 유일하게 발달했다.

호주에서 20년이 넘는 사업경력을 가진 나에게 많은 한국분들이 관심을 갖고 의뢰를 했었던 아이템이 건강보조식품이었다.

대표적 호주 건강보조식품 공장 대표들을 통해서 상품 공급을 약속받고 한국에 상품들을 유통하기 시작할 수 있었던 것은 이렇게 필요에 의한 아이템 개발이 시작이었다. 더군다나 무역으로 접근하다 보니 이슬람국가에 수출하는 회사와도 연결이 되었고, 지금은 한국에서 호주 상품을 말레이시아에 수출하는 일들을 진행하고 있다.

갖고 있는 상품을 수출시키려고 진행된 사업은 이후 생각지도 않게 확대되어, 이제는 한국의 다양한 상품들을 말레이시아와 인도네시아에 수출하는 업으로까지 확대되었다.

계속해서 강조하는 내용이지만 비즈니스는 살아있는 생물처럼, 한번 실마리가 풀리고 진행되기 시작하면 확장되고 팽창되는 특징을 가지고 있다. 일단 시작해보는 것이 가장 중요하다. 처음에는 말도 안 되는 듯이 보이는 비즈니스 아이템이라 할지라도 하루하루 꾸준히 시도해 보는 것이 필요하다.

새롭게 운동을 시작하는 것과 비슷하다. 처음부터 무리하게 시작하면 힘들어서 포기하게 된다. 편안한 마음으로 꾸준히 시도해 보면 점점 요령도 생기고 자신감도 축적된다.

동시에 아이템의 질적 수준도 올라가고 방향성과 함께 구체적인 세팅 관련 아이디어가 만들어진다.

일주일에 이틀은 5일 동안 구상했던 10가지 비즈니스 아이템을 좀 더 심층적으로 분석해보고 그 가운데서 베스트 3개 아이템을 선발해 보는 과정 속에서 좋은 것에 대한 선구안이 형성된다.

'시작이 반'이라고 3개월 정도만 포기하지 않고 진행을 해보면 수백 개의 아이템 발췌 전문가로서 포지션된 자신을 발견하게 될 것이다.

필자 역시 하루에 여러 비즈니스 아이템을 선정하는 것이 처음에는 엄청 힘들고 어려운 '고민거리'였지만 매일매일 힘들게 선정된 아이템이 쌓이면서 사업에 대한 자신감이 생기고, 비즈니스를 하는 다양한 사람들과의 만남을 통해 많은 경험을 쌓아 두려움 없이 담대하게 해당 비즈니스에 관하여 이야기 나눌 수 있는 포지션이 만들어졌다.

비즈니스 아이템을 발굴해내는 연습이 습관으로 되어버리면 언제나 원하든 원하지 않든, 누구를 만나든지 사업 모델이 머리에 그려진다.

이런 지속성을 위해서 아이템 개발 관련 멘토링 스쿨을 시행하고 함께하는 협업 동료들을 구축하는 것이 내가 생각하는 멘토링의 시작이다.

엊그제 충무로에서 촬영감독을 하고 있는 20년 지기 친구를 만났다. 호주에서 프로덕션 사업을 할 때 촬영을 담당했던 친구이다. 수십 편의 영화와 드라마를 찍었고 지금도 찍고는 있지만 작품이 대박을 못 내다보니 여전히 경제적 어려움을 가지고 있었다.

"요즘은 퍼스널 브랜딩이 대세야. 지금까지 했던 작품들 리스트 만들어서 프로필 정리 한번 다시 해봅시다. 그래서 홍보를 통해 작품 계속할 수 있게 해보고, 감독님은 후배 양성하는 아카데미를 구상해 봅시다."

오랜만에 만난 지인인데도 어느새 영화판 staff 교육 아이템을 발굴해 내고 있는 내 자신을 본다.

책 속에서 비즈니스를 찾아낸다

ᵕ

반 50명 중 45등 하는 학생에게 '공부의 중요성'을 알려주고 공부를 통해 미래를 준비할 수 있다는 확신을 심어준다고 가정 해보자. 그렇다고 그 학생이 공부를 잘 할 수 있을까?

마찬가지로 사마(사업가적 마인드)에 대해서 개념을 이해시키고, 사마가 얼마나 중요한지 완전 이해했다고 해서 사업가적 마인드가 갑자기 생겨나지는 않는다.

자연스럽게 몸에 익히는 과정이 필요한데 그 목적에 가장 부합되는 프로젝트 2가지 중 하나가 '자기 계발서 100권만 읽어라'이다.

그럼 '자기 계발서'는 무엇인가? '자기 개발서'가 될 수도 있고 '자기 계발서'가 될 수도 있다. 개발은 말 그대로 광범위하게 새로운 걸 개척한다는 의미를 뜻하지만, 계발은 슬기와 재능, 사상 등을 일깨우는 행위이기 때문이다.

나의 경우에는 '개발'보다는 '계발'에 좀 더 의미를 부여하고 있다. 최근 들어 '자기 계발서'의 무용론이 상당히 팽배해 있다. '노력'만 강조했던 자기계발서가 약세로 돌아서고 각광 받던 최고의 베스트셀러를 비하하는 책들도 많이 출판되는 추세이다.

예를 들어 이원석의 '거대한 사기극'에서는 이렇게 비판한다.

"'아프니까 청춘이다'는 아프면 환자지, 뭐가 청춘이야? '누가 내 치즈를 옮겼을까?'는 '변화하라', '칭찬은 고래도 춤추게 한다'는 '칭찬하라'가 내용의 전부다."

"(이런 책들은)각자 힘든 세상에서 살아가야 하는 오늘날엔 버티기 위한 에너지를 주는 정신적 진통제일 뿐이고 자위행위, 마약과 같다."

이러한 비판도 충분히 가능한 시대에 우리는 살고 있다. 그 어느 것도 맹목적이거나 편협하게 집중하게 되면 분명한 병폐가 발생한다. 하지만 목적에 맞는 100권의 자기 계발서 책읽기는 사업가적 마인드를 가슴에서 이끌어 내기 위해선 필수불가결한 선택이라고 본다.

왜냐하면 은유나 비유로 간접적, 함축적으로 표현해내는 소설이나 시 장르와 다르게 자기 계발서는 직설적으로 솔직하게 메시지를 던진다. 또한 현직에서 일을 하고 계시는 분들이 쓰는 경우가 많아서 현장에서의 실제적 정보와 행동 방향을 알 수 있고 현재의 트렌드도 알 수가 있다.

하지만 자기계발서를 읽으라고 추천하는 근본적인 이유는 여러 분야에서 각광 받는 성공자(winner)들의 이야기를 통해 승리의 기운이 가슴으로 전이(transference) 되는 기쁨을 만끽하라는데 있다.

'자기 계발서'를 쓰는 대부분의 저자들은 자기 분야에서 뭔가 이야기거리가 있는, 성공한 사람이 대부분이라는 사실에 주목해야 한다.

성공한 사람들의 이야기를 계속 듣고 그들의 성공담과 행동 지침에 대해 계속 주목하게 되면 그것을 읽고 있는 독자는 자연스럽게 그들의 생각과 성공의 습관들을 본인의 것으로 만들 수 있는 기회를 갖게 된다.

투자의 귀재 워런 버핏도 '부자가 되는 비결 중 하나는 다른 사람의 좋은 습관을 내 습관으로 만드는 것이다'라고 강조했었다.

'자기 계발서' 중에서 성공한 사람들의 스토리를 읽다 보면 공통적으로 강조되는 습관들이 몇 가지 나온다.

그중에서 가장 대표적인 것은 '새벽 시간의 활용'이다. 동서양을 막론하고 이른 아침, 혹은 새벽에 1~2시간 정도 자기만의 시간을 꼭 활용하라고 말하고 있다.

세계 최정상에 오른 200명이 직접 밝힌 놀라운 생각, 기적의 습관, 압도적 성공의 비밀이 담겨 2017년 아마존 종합 베스트셀러 1위에 올랐던 '타이탄의 도구들'에서도 저자 팀 페리스는 세상에서 가장 성공한 사람들의 비밀 중 첫 번째로 '승리하는 아침을 만드는 5가지 의식'이라는 내용을 이야기하고 있다.

또한 꾸준히 팔려나가는 스테디셀러에서 최근 베스트셀러에 이름을 올린 책까지 공통적으로 '아침형 인간'에 대해 강조하고 있다.

'자기 계발서'를 100권 이상 읽으라고 강조하는 이유는 바로 이것이다. 책을 찾고 읽다보면 그 속의 '공통점'을 자연스럽게 알게 되고 그러한 내용들로 당신의 삶이 변화할 수 있다는 것이다.

자기계발서를 구체적인 범주로 나누면 처세 · 성공전략, 자기 능력 계발 · 인간관계 · 화술 · 협상 · 기획 · 정보 · 시간 관리 · 삶의 자세 등 다양한 분야가 있다.

읽었으면 하는 분야는 꼭 특정 카테고리가 아니다. 사실 서점에서도 범주를 나누었지만 중복성이 가장 많이 나오는 분야이기도 하다.

또한 간과해서는 안 되는 것이 자기 계발서 섹션 외에 경제 · 경영 분야의 책도 자기 계발서의 큰 범주에 들어있다. 그 속에는 경제 · 경영뿐만 아니라 마케팅 · 세일즈, CEO · 비즈니스맨, 인터넷 비즈니스, 투자 · 재태크 등의 사업적 마인드를 키울 수 있는 좋은 정보들이 가득차 있다.

특히 자기 계발서의 경우 '동기 부여'를 위한 책들도 많은 비중을 차지하고 있다. 하지만 몇 권 정도 읽다 보면 관념적인 내용으로 감수성을 자극하거나 간절히 바라면 우주가 도와준다는 식의 뻔한 이야기나 동어 반복적 내용이 많다. 따라서 동기 부여와 관련된 책들에 주목하기보다는 실용적 책들에 더욱 주목해야 한다.

해당 분야의 전문가가 평생의 노하우를 전수하는 책들은 일반책보다 깊은 저자의 인사이트가 들어가 있어서 실제적 도움이 많이 된다.

효율성과 실용성은 사마(사업가적 마인드)에 필수 요소이다.

책도 모든 책을 구입할 필요는 없다. 매주 대형서점에 가서 3시간을 투자하라는 이야기는 저자와 내용의 실용성, 그리고 트렌드에 맞는 깊이 있는 책은 구입하되 나머지 책들은 현장에서 읽고 필요한 부분만 사진을 찍고 내용을 필사해서 효율성을 높여야 할 필요가 있다. 독후감을 써야 할 책과 그냥 보고 넘길 책을 구별해야만 하는 것이다.

나는 서점으로 사업을 처음 시작했다. 그래서 읽고 싶은 '자기 계발서'를 원 없이 읽을 수 있었다. 매일매일 3~4권의 '자기 계발서'를 끊임없이 읽었다. 동시에 그 달에 나온 각종 월간지와 주간지도 읽었다.

매일 사업 아이템을 10개씩 발굴해 나가는 작업을 하면서 읽게 되는 '자기 계발서'는 간접 경험을 통해 세상을 알게 되고 성공한 사람들의 이야기가 가깝게 느껴지는 효과까지 보게 되었다.

정식으로 취업을 해보지 못하고 젊은 나이에 사업을 시작했기 때문에 정신적, 실무적 트레이닝도 모두 책으로부터 취할 수밖에 없었다. 책이 내게는 신입훈련 교본이 되고 멘토의 위인전이 되고 마음을 새롭게 다지게 하는 각성제가 되고 미래를 보는 예언서가 되었다.

성공한 비즈니스맨, CEO의 이야기들을 통해 성공의 DNA를 계속해서 머리로, 가슴으로 받아들이면서 따라 해보는 실천적 행동이 백날 책만 보고 감동하는 것보다 중요하다.

백종원의 집밥 요리 프로그램을 보면 집밥을 위한 요리가 너무 쉽게 보여진다. 하지만 아무리 좋은 방법일지라도 직접 요리를 해 보지 않으면 절대 요리를 쉽게 할 수 없다.

또 하나 주의할 점은 매일매일 순간순간 하나씩 적용해 보고 실천해 보면서 변화하지 않는 이상 아무리 많은 자기계발서를 읽는다고 해도 큰 도움은 되지 않는다. 실천이 가장 중요하다는 이야기다. 바로 적용할 수 있는 실천 3가지를 추천한다.

1. '매일 2가지 사업 아이템'을 찾아내자.
2. 사업적 마인드를 일상에 접목 시킨 사례를 매일 기록하자.
3. 본인이 구입한 자기 계발서에 대해서 꼭 독후감을 작성하자.
   (최소 일주일에 1권)

기록해 놓은 사업 아이템과 적용된 실천사례, 독후감 그리고 포스트잇과 밑줄 그어진 감동의 책들을 매주 확인하면서 지속적으로 그 감동을 받기를 추천한다.

어느 순간 성취감과 자신감이 충만해지면서 사업가로서의 담대함으로 무장된 당신을 마주하게 될 것이다.

1%로 가는 좋은 비즈니스팁

⌄

필자는 세상 만만한 삶을 영위하기 위해 세 가지 무기를 가져야 한다고 주장했다. 사업가적 마인드, 온·오프라인 마케팅 능력 그리고 영어 경쟁력 확보. 그렇다면 또 다른 필요한 사항들은 없을까?

- 심리학 공부를 통해 자신을 알아야 한다

심리 상담이 가능할 수준까지 공부해 보면 자기 자신과 타인을 바라보는 시각이 달라지고 알지 못해 방황하는 시간을 확실히 줄여주며 삶의 의미를 일찍 깨달을 수 있다

- 다양한 아르바이트를 통해 경험하자

경험처럼 좋은 교훈이 없다. 다양한 아르바이트를 통해 직종과 직업에 대한 이해도를 높이고 고용주와 고용인, 그리고 상사와 동료 간

의 인간관계 등 다양한 관계에서의 역할 경험은 나 자신에 대한 탐구의 시간이 되는 동시에 앞으로 내게 주어질 어떤 역할에 있어서 현명한 판단력을 위한 자양분이 된다.

- 생각나면 바로 실천하는 실천주의자가 되자

생각만 하고 일은 미루는 보통의 사람이 되지 말고 생각나는 즉시 바로 실천하는 습관을 통해 삶의 다이내믹함과 다채로움을 체험하고 후회하지 않는 삶을 경험해야 한다.

- 최소 일주일에 책 한 권을 전투적으로 독파하라

포스트잇, 형광펜과 볼펜으로 무장하고 최대한 책에 사색의 흔적을 많이 남겨라. 그리고 반드시 독후감을 통해 자신의 것으로 표현할 수 있어야 한다. 책은 3번 읽어야 한다. 처음엔 그냥 읽고 두 번째는 작가의 의도를 생각하며 읽고 세 번째는 나의 언어로 표현할 수 있도록 읽어라. TV를 멀리해야 독서가 가능하다. 영상물에 익숙해지면 사고하는 전두엽의 기능이 약화된다. 달콤한 영상물의 유혹에 빠져서 가벼운 지식에 현혹되지 말고 묵직한 사고를 계발하는 독서에 집중해야 한다.

- 한번 맺은 인연을 소중하게, 끊임없이 인간관계 맺기

주변과 가족을 끊임없이 챙기고 연락해서 언제든지 그들에게 당신

의 존재를 인식시켜라. 또 새로운 인간관계 맺는 것을 적극적으로 해라. 깊고 다양한 인간관계를 유지하는 것은 부지런함과 배려가 바탕이 되어야 가능한 미션이다.

- 부모님 살아계실 때 최선을 다해 사랑하기

성공하고 부모님을 챙기는 것이 아니라 성공의 과정을 부모님과 함께 하려는 노력을 통해 심리적 안정과 행복을 누릴 수 있다. 성공 후에 후회하는 우를 범하지 않기 위한 필수 사항이다

- 사람 친구는 늘리고 이성 친구는 신중하게

동성이 아닌 친구들을 통해 나와 다른 이성에 대해 이해하고 자신을 돌아봐서 본인에 맞는 이성 친구를 선택할 수 있는 안목을 높여야 한다. 아무것도 모르고 사랑하는 것만큼 위험한 시도는 없다. 이성 친구는 그 누구보다 가장 큰 영향력을 주는 존재이므로 신중하게 관계를 맺어야 한다.

- 사랑할 땐 마크롱 프랑스 대통령처럼 정열적으로

25살 연상의 여인을 15세에 만나 29살에 결혼한 2017년 따끈따끈한 신임 프랑스 최연소 대통령의 사랑처럼, 조건 없이 사랑하되 일시적인 감정이 아니라 깊고 정열적인 사랑을 꿈꿔라.

- 금융지식(청약저축과 보험 등)일찍 알아 두기

돈을 버는 것도 중요하지만 돈을 어떻게 관리하느냐도 중요하다. 경제 개념을 일찍 깨달아야 돈을 버는 것도, 돈의 운용도 현실적이고 효율적으로 관리하고 안정된 삶이 빨라진다.

- 정열적으로 신을 사랑하라

끊임없이 발생하는 문제와 변화하는 환경 속에서 흔들리지 않기 위해서는 그 문제와 환경을 조정하시는 신의 뜻을 먼저 살피는 지혜가 필요하다. 굳건한 버팀목이 되어줄 최고의 신을 만나기 위해 전략적으로 신앙을 갈구해야 하며 결혼과 마찬가지로 선택은 신중하되 그 이후엔 정열적으로 사랑해야 하고, 사랑할 수밖에 없다.

대충 무언가를 하려고 하면 시간도 많이 필요하지 않다. 하지만 제대로 무언가를 하려고 하면 시간도, 정성도, 경제적 투자도 많이 필요하다. 시간 관리가 필요해지고 부지런해지고 돈도 소중해질 수밖에 없다. 결국 열심히 살게 된다. 방향에 맞춰 열심히 살게 된다면 우리의 삶이 풍요와 성공으로 향해 가는 것은 자명한 일이다.

비전을 담아내는 창업 루키가 되라

ㅡ

비즈니스 아이템을 생각하고 발췌해서 기록해 보는 습관은 여러 가지 의미를 담고 있다.

모든 것들이 아이템을 채울 수 있는 대상 중 하나가 될 수 있다는 사실은 세상에 대한 관찰력이 높아지고 비즈니스 마인드가 극대화되는 놀라운 경험을 하게 된다. 관련 서적을 읽게 되고 비즈니스 뉴스가 귀에 들리게 된다. 더불어 접하는 모든 매체나 환경이 목적을 위한 도구로서 활용되는 순간에 비즈니스 마인드가 장착되는 준비된 창업자가 될 수 있다.

모든 것을 경험할 수 없으므로 남의 경험을 통해 접목시킬 수 있는 응용력이 올라가면서 다양성과 포용성이 개발된다.

지금의 시대는 특정한 하나의 아이템으로 롱런 할 수 있지 않고 시시각각 변화하는 트랜드에 발맞춰 치고 빠지는 다양성이 요구된다.

어쩌면 주관식이 아니라 객관식 시험에 익숙해진 한국교육이 지금의 시대와 맞아 떨어진 것은 수많은 정보가 초스피드로 변화하고 있는 IT 기술에 힘입은 인터넷의 발달에 있지 않을까 생각해 본다.

결국 비즈니스 아이템을 기록해 보는 습관은 비즈니스 마인드를 향상시키고 온오프라인 마케팅에 대한 식견을 높여준다.

필요에 따른 온라인 관련된 강좌와 모임, 그리고 오픈채팅방을 통해 실질적 노하우와 지식을 습득하는 과정들이 구체화된 창업의 기본을 마련해줄 수 있다.

남보다 앞서고 시장의 확대를 위해 영어공부가 수반된다면 좀 더 세상을 멋지게 살아낼 수 있는 기초를 마련한 것이다. 세상 만만한 우리만의 세 가지 무기를 손에 쥐는 효과이다

아이템을 수집한다고 해도 실제 비즈니스로 연결되기 위해선 본인의 환경과 준비 정도, 그리고 관계성의 세 박자가 통일성이 확보되었을 때에 비로소 완성이 된다.

비즈니스는 생명력이 있어서 한 가지가 기본을 잡아주면 준비된 아이템이 빛을 볼 수 있는 확률이 높아진다. 따라서 자신의 환경을 끊임없이 점검하고 개발하고 준비하는 자세가 필요하다.

그러한 준비과정에는 실질적 강연과 책, 그리고 실력 있는 전문가의 멘토링이 필요하다.

또한 돈을 저축하는 것도 중요하지만 투자를 어떻게 하느냐에 따라 결과물은 달라진다. 젊을수록 돈에 대한 투자와 자신의 실력을 갖

추는 일들에 집중되어야 한다.

학문적 강연이나 이론만을 연구하는 것이 아니라 실제 돈이 오고 가는 환경 속의 실질적 강연을 들어보는 것은 의미가 있다. 온오프믹스나 다양한 강연 속에서 다양하게 들어보는 것도 추천한다.

필자는 트랜드헌터의 '초고수 온라인 마케팅'과정을 통해 한국의 온라인 특히 SNS의 시장을 이해하는 데 도움을 받았다. 그 외에도 다양한 강연들이 많은데 끊임없이 공부하면서 강연을 듣다 보면 핵심 논리와 노하우를 알게 된다.

또 강연만 들으면 알 것 같지만 노력하지 않으면 실천할 수 없는 애매한 상태로 남게 된다.

요즘은 오픈채팅방에서 천 명이상 참여하는 사업가들의 교류를 쉽게 볼 수 있다. 수천 개의 댓글이 달리는 오픈채팅방의 대화가 어찌 보면 치열한 전투 속에서 나온 진짜 자료가 될지도 모른다. 그렇지만 그 자료 또한 기본 실력과 기초를 닦지 않은 상황에서는 무의미한 소음이 될 수 있다.

이런 과정들을 통해 기본과 기초가 준비되었다면 실천이 관건이다. 자신의 환경 속에서 일상을 그대로 유지하면서 먼저 실천해 보는 것이 중요하다.

팔짱 끼고 관전하는 3인칭이 아니라 직접 나서서 행동해보는 실천을 통해 1인칭 주인공 시점으로 행동해야 한다.

네이버 스토어팜을 개설해본다거나 주말 마켓에 직접 생각하는 아이템을 팔아보는 것도 하나의 방법이다.

일단 시작해서 직접 맞부딪쳐보면 그 속에서 또 배울 수 있는 소재가 나타나고 무엇이 자신에게 더 필요한 일인지 깨닫게 된다.

성공하는 아이템은 100%의 확신이 있다고 해서 성공으로 이어지지는 않는다. 그런 확신 있는 아이템은 이미 다른 사람이 하고 있을 확률이 높다. 51%의 확신이 있다면 충분히 부딪쳐 도전해 볼만한 수치를 의미한다.

우리는 이미 코워킹 스페이스(Co-working Space)라 불리는 스타트업계의 공간이 넘쳐나는 시대에 살고 있다.

대표적으로 소프트 뱅크에서 투자한 위워크(wework), 한국 패스트 트랙 아시아에서 만든 패스트 파이브(Fastfive), 다음커뮤니케이션 창업자가 조성한 공간 카우앤독(CoWork and DoGood), 한국 창업 생태계 기반의 마중물 역할의 디캠프(D.Camp) 등이 있다.

이런 공간에 참여하면서 함께 꿈을   는 스타트업 파트너들과의 교류도 많은 영감을 받을 수 있는 좋은 기회가 될 수 있다.

요즘은 스타트업을 위해서 지원해주는 시스템이 상당히 많이 있다. 멘토링 뿐만 아니라 펀드를 지원해주는 기관이나 기업도 많다. 기초와 기본을 닦고 뭔가 실천을 해 봤다면 예전에 상상도 못해 본 좋은 시스템을 잘 활용해서 좀 더 창업을 현실화해 보는 것도 답이 될 수 있다.

처음에는 본질에 충실해야 한다. 빠르게 가는 것도 중요하지만 정도를 걷는 것이 더욱 중요하다. 충분한 자기 계발과 직·간접 경험을 통해 독립할 수 있는 힘이 온전히 길러졌을 때 본인이 속해있는 환경에서 독립하는 것이 좋다.

섣불리 결정하고 준비되지 않은 상황에서 직장을 버리고 리스크를 갖는 것은 바람직하지 않다. 경제적 여유가 없는 상태로 창업에서 성공하기는 참 쉽지 않다. 그래서 직장이나 알바를 병행하면서 생활비에 대한 부담감을 가지는 창업에선 벗어나야 한다.

결국 창업은 생활하기 위해서 돈 버는 행위가 아니라 자신의 비전을 위해 돈 버는 행위가 되어야 한다.

다양한 비즈니스 아이템을 영위해 나갈 수 있지만, 그 속에서 버팀목이 되어주는 캐쉬카우(cashcow)를 잘 키워서 범람하는 창업의 시대에 살아남는 1인이 되기를 기대해본다.

글을 마치며

▼

맹목적인 열정보다는 제대로 된 방향을 보고 걸어가라

호주에서 대학을 다니고 있는 대학생을 만났다. 대학만 들어가면 졸업 못하는 사람이 특이하게 보이는 한국과는 다르게 호주는 한 학년이 끝나면 수강 인원의 절반이 다음 해 학업을 포기할 만큼 학업 환경이 다르다고 했다. 매일매일 수업준비와 시험으로 인해 대학 생활이 너무 힘들다고 토로했다.

내가 원하는 캠퍼스 라이프는 다양한 경험을 병행하면서 아카데미적 요소를 습득하고 결과론적으로 대학 졸업장이 필요한 목적성 있는 '대학 졸업장'이었다. 하지만 한국과는 너무 다른 영연방 교육시스템에서는 방향을 달리하는 지혜가 필요하다고 생각했다.

다른 친구들은 좋은 성적을 목적으로 밤낮으로 도서관을 다녔지만 내가 취했던 방식은 남들과는 약간 달랐다. 처음부터 좋은 성적보다는 실패하지 않는 성적관리였다.

유학생 신분으로 단 한 과목이라도 실패하게 된다면 연간 비용을 다시 지불하면서 다시 수강을 해야 해서 경제적인 손실도 클 뿐만 아니라 시간적 손실도 클 수밖에 없는 상황이었다.

더 큰 문제는 사업가로서의 자질을 길러 나가야 하는 시점에서 기회비용을 다 손실할 수밖에 없는 현실적 문제도 있었다.

대학졸업의 목표가 취업이 아니라 창업에 있었기 때문에 다양한 경험을 통해 대학 졸업 전에 창업에 대한 꿈을 갖고 있었던 내게 있어서 유학생으로서의 대학생활를 향한 태도 자체가 남들과는 다른 방향성을 가졌다.

남들은 우습게 생각할 수 있는 패스(pass)라는 점수는 F학점 바로 윗 단계에 있는 100점 만점에 50점 이상을 의미한다. 패스 마크는 나의 대학생활에 있어서 목표가 되었다. 맹목적인 열정을 갖고 특정 과목에 A+같은 HD(High Distingtion)을 받기 위해선 희생해야 할 여러 가지 요소가 있다. 목적이 다르다면 굳지 희생해야 할 이유가 없다. 이런 생각과 태도는 차후 사업을 하는데 있어서도 적용되어야 할 필수요소 중 하나이다. '흑자도산'과 같은 비극적 결론은 이런 맹목적 열정에서 나올 수 있다. 따라서 목표에 대한 명확함과 방향성이 가장 중요하다.

모든 과목에서 좋은 점수를 받는 것을 포기하고 실패하지 않는 최소한의 목표를 갖고 확보되었던 시간에 나는 '경험'을 선택했다.

사업에 필요한 시대적 흐름에 맞추어 마케팅을 전공으로 했었고, 개인적 취향의 만족을 위한 영화학(film studies)을 부전공으로 공부했다.

나는 직접 단편영화를 찍는 동아리에 가입하고 실전 경험을 체험하는 시간을 가졌고 기술적 관점에서 촬영과 편집 그리고 연출 뿐 아니라 배급에도 관심을 가졌다. 생각나면 실천해야 하고 책이나 학교에서의 이론도 중요하지만 늘 실제 삶에서의 실질적 상황판단이 중요하다고 생각했었다.

예를 들자면 그때 당시 상영관에 대한 관심도 많아서 직접 부동산 에이전시를 찾아가서 실제 영화관에 대한 임대 문의를 하고 현실적 감을 높이는 경험을 선택함으로서 몇 년 후 한국영화를 수입해서 상영하고, 최종 한국영화 전용관을 오픈하는 실제 사업에 대한 예습을 자연스럽게 할 수 있는 기회를 가졌다.

요즘은 흔하게 거론되는 인턴이라는 제도를 활용하기 위해서 부단히 노력했고, 아르바이트를 했었던 경험 또한 차후에 사업을 하는데 있어서 실제적으로 도움을 많이 받을 수 있는 사업에 대한 예비 동작 혹은 사전작업의 측면으로 활용되었다.

무슨 일을 하기 전에 취해야 할 가장 우선순위는 방향성과 목표 그리고 실천력이다. 열심히 하는 것만으로 얻을 수 있는 결과물에 있어서 승패는 가늠하기 힘들다. 하지만 목표와 방향성이 확고한 상황에서는 훨씬 성공률 높은 시도와 행동이 뒤따를 수 있다고 생각한다. 또한 실천하지 않고 머릿속으로 머무는 일들은 대부분의 사람들이 일상적으로 범하는 실수이자 실태라 생각한다.

그래서 가끔 술집에서 이야기하고 있는 다른 사람들의 이야기를 들어보면 늘 성공한 모델은 본인이 이미 생각했었던 아이템이라고 안타까워하며 이야기한다. 그 말이 사실일 수도 있다. 하지만 실천력과 그에 맞는 타이밍이 적용되지 않았다면 그 또한 허망한 하소연에 불과할 수 있다.

　　대학생활에서 남들과는 다른 목표를 가지고 확보한 시간으로 만들었던 '경험의 시간'을 통해서 세 가지의 사업을 차후에 진행할 수 있었다.

　　첫째는 단편영화를 찍었던 경험을 통해 네오컴 프로덕션이라는 영상프로덕션 제작업체를 만들었다. 두 번째는 배급에 관심을 갖고 무역을 접목시켜서 영화를 수입했었는데 그 결과, 호주에 한국영화 전용관 '민교'를 오픈할 수 있었다. 마지막으로 인턴쉽으로 무역을 경험해 보고 싶었던 호주의 Kim's Club의 아르바이트 경험 덕분에 사업 아이템을 잡아서 대학졸업 전에 Neo plaza라는 음반, 서적 전문점을 시작할 수 있었다.

　　또 한가지 지금 돌이켜 생각해봤을 때 가장 긍정적 요소로, 나만의 비즈니스 라이프를 변화시킬 수 있었던 가장 중요한 습관의 시작은 대학생활을 하는 동안 사업 아이템을 발췌하는 노트를 만들었던 것이었다.

　　끊임없이 관찰하고 사색하면서 가능성의 바탕 아래 사업 아이템을 꾸준히 발췌하는 것을 훈련해보면서 그런 연습과 훈련이 습관이 되었고 그 습관의 기록물로서 노트가 만들어졌다.

처음에는 한 개의 아이템도 생각해 내는 자체가 너무도 어려웠는데 매일매일의 시도를 통해 다양한 아이템들이 개발 노트에 쌓이기 시작했다.

무엇에 관심을 갖고 이 세상을 살아가느냐에 따라 보이는 것, 들리는 것, 생각하는 것 그리고 만나는 것이 결정된다.

'무엇에 대한 관심'이 결국 방향성으로 이어지고 그 궁극에는 '목표'가 정해진다. '하다 보니 이 길을 걷고 있다'라고 말하는 사람들도 있다. 하지만 더 자세히 내면을 살펴보면 분명한 방향성 아래 지향하고 있었던 뭔가가 분명히 있었기 때문이지 않을까? 그래서 막연히 열심히 살다 보면 뭔가 이루어낼 수 있을 거라는 희망 고문적 표현은 별로 맞지 않는다고 나는 믿고 있는지 모르겠다.

다시 한번 강조하지만 맹목적 열심보다 분명한 목표와 방향성을 처음부터 설정하고 시작하는 것이 그 무엇보다 비즈니스에서 더욱더 중요한 부분이다. 물론 다른 여러 분야에도 적용할 수 있겠지만 말이다.